우리 함께

사람

노무현이 ──────────── 옳았다

미처 만들지 못한 나라, 국민의 대한민국

노무현이 ──── 옳았다

이광재 지음

포르체

서장(序章) ─────────────── 내일의
                              문턱에 서서

"나는 정치를 잘 모릅니다. 나를 역사 발전의 도구로 써주세요."

1988년 4월, 노무현 대통령이 첫 만남에서 나에게 한 말이다. 당시 마흔둘의 나이로 정치에 첫발을 내디딘 노무현 국회의원 당선자는 스무 살가량 아래인 나에게 당신을 역사 발전의 도구로 써달라고 부탁했다. 당시의 나는 '역사 발전의 도구로 써달라'는 말에 담긴 깊은 뜻을 온전히 이해할 순 없었다. 다만 그때는, 이 사람은 최소한 정치를 권력 확보의 도구가 아닌 사회를 변화시키고 역사를 발전시키는 유용한 방법으로 생각하고 있다는 확신이 들었다. 그래서 선뜻 그의 손을 잡았고, 오래도록 함께 일했다. 지금도 그의 이 말은 좀처럼 나의 뇌리를 떠나지 않는다. 그에게 역사 발전이란 무엇이었을까? 그리고 나에게 역사 발전이란 무엇일까? 대한민국의 역사는 발전하고 있는가?

대통령이 된 이후 그는 구시대의 막차이자 새 시대의 첫차가 되겠다며, 이전 시대에서 청산해야 할 것들을 차곡차곡 정리해나갔다. 당신이 구시대의 짐을 치워 가야 할 길을 닦아놓으면 후대는 고속도로를 달리듯이 멋지게 이 나라를 이끌어나가지 않겠느냐는 생각이었다.

그러나 저항은 거셌고, 지지율은 나날이 떨어졌다. 그를 지지했던 사람조차 등을 돌리는 모양새였다. 하지만 그는 늘 당신의 안위를 염려하는 참모들에게, 정치인이 하는 말 중에 최고로 비겁한 것이 "지금은 내가 나설 때가 아니다. 언젠가 기회가 올 것이다. 더 큰 일을 하기 위해 때를 기다려야 한다"는 말이라고 했다. 역사 발전을 위해 꼭 필요한 일인 것을 알면서도 먼저 나서면 다칠 위험이 있기에 때를 기다린다는 변명 뒤에 숨으며 슬쩍 물러서서는 안 된다는 것이었다. 국가를 위해 지금 해야 할 일이 있다면 그냥 담론부터 던지라고 했다. "그 과정을 해결하고 난관을 뚫어가다 보면 한 단계 나아가 역사 발전을 위한 또 다른 길이 열릴 것이다. 만약 그렇지 않다고 해도 세상에 모두를 위한 담론을 던진 것만으로도 본인의 소임은 다한 것이니 회피하지 말라"고 했다. 성과에 연연하지 않고 시대적 과제에 용기 있게 맞서야지만 우리의 미래가 더 밝아지기 때문일 것이다.

　노무현 대통령이 서거한 지 10여 년이 지난 지금, 그가 남긴 역사의 굵은 흔적들을 보면 진정 그는 당신의 신념처럼 '역사 발전의 도구'로 살고 가셨음을 알게 된다. 그가 시도한 역사 발전을 향한 걸음은 여러 가지가 있겠지만 무엇보다도 큰 걸음은 민주주의 국가인 대한민국을 진짜 민주주의 국가답게 만드는 시도, '권위주의의 청산'과 '수평적 사고'라고 하겠다. 평소 소탈한 성품의 소유자기도 했지만 대통령만 되면 유독 목이 뻣뻣해지는 기존의 관행에 의아해하며, 대통령으로서의 권위는 잃지 않되 특권의식에 사로잡힌 권위주의는 타파하려는 강력한 의지를 보였다.

대통령이 되고 처음으로 외부 행사장에 가는 길이었다. 대통령이 지나는 길마다 모든 신호등을 다 차단해놓고 시민들의 통행을 막는 모습을 보자 그는 "대통령 한 사람의 통행으로 많은 시민이 불편을 겪는다"며 다른 방법이 없는지 찾아보자고 했다. 고민 끝에 노무현 대통령은 외부 행사가 있을 때면 되도록 헬기를 이용해 이동했다.

그뿐만 아니다. 대통령에 당선된 후 가족과 함께 여행을 갈 때 호텔이 아닌 민박집을 선택하고 비행기도 전용기가 아닌 일반 민항기를 타기도 했다. 그리고 청와대 비서관들과의 첫 워크숍에서도 고급음식점이 아닌 소박한 식당에서 식사를 하고, 평창동의 '절벽'이라는 포장마차에서 함께 소주잔을 기울였다.

노무현 대통령은 신임 장·차관들의 임명장 수여식에서 대통령과 임명을 받는 사람 사이의 거리를 바싹 당겨놓기도 했다. 이전까지는 대통령으로부터 임명장이나 상장을 받을 때, 대통령의 안전을 염려하여 대통령과 일정 거리를 유지하게 하고, 고개를 깊이 숙여 상하관계가 뚜렷이 나타나도록 했다. 그런데 노무현 대통령은 임명장을 받으러 온 사람이 대통령에게 해를 가할 이유가 뭐가 있느냐며 거리를 바싹 좁히고, 고개를 깊이 숙이게 하는 것도 권위주의의 산물이니 당장 고치자고 했다.

그는 대화에 늘 열려 있었다. 참모들과 중요한 사안에 대해 논의할 때 당신의 생각과 다른 의견이 나오면 최대한 의견을 수렴하여 절충점을 찾으려 노력했다. 심지어 확연히 다른 의견이 나오더라도 상대의 의견 중에 일부분이라도 받아들이고 수용할 부분이 없는지 밤새 고민하고 답을 찾으려 노력했다. 대통령의 권력과 권위를 앞세운 강요나 명령이 아닌 합의와 동의를 통한 민주적인 의견수렴 태도는 함께하는 이들의 존경심을 불러일으키기에 충분했다.

●

우리는 미완의 존재이기에
함께 간다

2020년, 〈오마이뉴스〉는 창간 20주년을 맞아 여론조사 전문기관에 의뢰해 전국 만 18~20세 남녀 1,000명을 대상으로 '스무 살 머릿속' 설문조사를 실시했다. 조사 결과, 응답자들은 가장 좋아하는 역대 대통령으로 노무현 대통령(35.2%)을 꼽았다. 한편 응답자의 절반 이상(54.0%)이 자신의 정치적 이념 성향을 '중도'로 평가했다. 재미있지 않은가? 우리는 노무현 대통령을 진보적 성향의 지도자라고 생각한다. 그런데 그를 좋아하는 사람들은 자신들의 정치적 성향을 중도라고 평가한다니 말이다. 이 간극은 대체 어디서 생겨난 것일까?

대통령은 당선되는 그 순간 취해야 하는 자세가 바뀌는 유일한 자리다. 대통령 후보자일 때까지는 분명 어떤 진영을 대표해서 선거운동을 한다. 그러나 당선되는 그 순간부터는 진영논리와 상관없이 모두를 '국민'으로 끌어안아야 하는 위치에 놓이기 때문이다. 자신을 지지하는 이들에 의해 정치 리더의 자리에 오르게 되었지만, 막상 정치를 하다 보면 노선이나 진영이 아닌 국가와 국민만 바라보고 나아가야 한다는 것을 절절하게 느끼게 된다. 그래서 때로는 지지자의 비난을 감수하면서라도 과감히 밀어붙여야 하는 일들이 있다. 노무현 대통령 역시 대통령에 당선되기 이전까지는 진보의 사상이 강했고, 당연히 진보의 입장에서 정치적 주장을 펼쳤다. 그러나 대통령 당선 이후 그는 진영의 대통령이 아닌 '국민의 대통령'으로서 국민을 위해 과감한 결단을 내렸다.

노무현 대통령은 취임 이후 '왼쪽 깜빡이를 켜고 오른쪽으로 간다', 심지어는 '변절했다'는 비난까지 받았다. 누구보다 강하고 진보적인 모습을 보였던 그가 대통령이 된 후 힘이 빠진 듯한 모습을 보이니 그런 오해가 생긴 것이다. 그 대표적인 정책이 이라크 파병과 한미 FTA다. 노무현 대통령은 한미 FTA나 이라크 파병 등을 결정하기 위해 지지자들을 설득해야 했고, 그 과정에서 온갖 비난을 받아들여야 했다.

"대통령이 역사에 오류를 기록하고 싶지 않다고 해서 기록하지 않을 수 있는 것이 아닙니다. 대통령이기에 그렇게 할 수밖에 없는 일도 있습니다. 대통령의 자리가 그만큼 어렵고 무겁습니다."

누구보다도 강하게 거부하고 싶었던 이라크 파병에 대해 노무현 대통령은 "이라크 파병은 회피할 수 없는, 불가피한 선택이었다"고 회고 했다. 2003년 4월, 미국의 강력한 요구로 우리나라는 건설공병 지원단 약 600명, 의료 지원단 100명을 이라크에 파병했다. 그리고 그해 9월 미국은 5,000여 명 규모의 전투부대를 추가로 파병할 것을 요청해왔다. 우리 정부는 그것을 거부할 수 없었다. 만약 미국의 요구를 거부한다면 이후 닥칠 후폭풍이 어떨지 잘 알기 때문이었다.

대통령은 어느 한쪽이 아닌 모든 방향을 바라보아야 하며, 자신에게 주어진 임기가 아닌 나라의 먼 미래까지 내다보아야 한다. 그래서 필요에 따라 2보 전진을 위한 1보 후퇴의 수도 놓을 줄 알아야 한다. 진영논리도 마찬가지다. 진보 진영에서 배출한 대통령임에도 국가 최고의 정치 리더로서의 역할에 충실하기 위해서는 결국 진영의 대통령이 아닌 국민의 대통령이 되어야 한다는 것이 노무현 대통령의 생각이었다. 대통령은 '균형추'가 되어야 하는 것이다.

세상은 끊임없이 변화한다. 개인도 요구받는 변화를 사회가, 나라가, 세계가 어찌 요구받지 않을 수 있겠는가? 그 변화의 소용돌이 한복판에 서서 가장 예민하게 살피고 가장 능동적으로 반응해서, 최소한의 충격으로 가장 효과적인 대응을 하는 것이 지도자의 역할이다. 그래서 지도자는 보수와 진보, 그 이상을 볼 수 있어야 한다. 왼쪽 깜빡이를 켜고 오른쪽으로 가든 오른쪽 깜빡이를 켜고 왼쪽으로 가든, 그것이 국가와 국민을 위한 최선의 길이라면 무조건 가야 한다. 지지자를 설득하고 그들의 비난을 감수하는 것은 어렵고 두려운 일이다. 그러나 국민을 위해 그마저도 기꺼이 감수하는 것이 지도자다.

게르하르트 슈뢰더^{Gerhard Schröder} 전 독일 총리는 경제 성장률의 급격한 하락 및 높은 실업률 등으로 위기에 처한 독일 경제를 되살리기 위해 과감한 사회복지 개혁과 노동 개혁을 추진했다. 또한 이를 보완하기 위한 정책도 함께 내놓았다. 그러나 이미 높은 복지 수준에 익숙해 있던 독일 국민들은 그의 정책에 반대의 목소리를 높이고 비난을 멈추지 않았다. 급기야 그의 지지 기반이었던 사회민주당의 당원 중 6만 명 이상이 탈당하는 사태까지 벌어졌다. 그럼에도 그는 소신을 굽히지 않았고, 결국 슈뢰더와 사회민주당은 차기 대선에서 패배하고 말았다. 그러나 역사는 결국 '슈뢰더의 개혁이 없었다면 오늘날의 독일도 없을 것'이라고 평가했다.

우리가 진영보다 먼저, 당장의 유불리보다는 역사를 생각해야 하는 이유는 우리의 판단이 항상 옳은 것이 아니며, 심지어 오늘의 판단과 내일의 판단이 달라지기도 하기 때문이다. 노무현 대통령은 대통령이 되기 전 변호사로 활동했다. 그때 그는 다양한 사람들과 만났는데, 하루라도 안 보면 죽을 듯이 끔찍하게 사랑하던 부부가 이혼할 때는 돈 때문에 서로 죽일 듯이 싸우고, 피를 나눈 형제가 돈 때문에 원수처럼 지내고, 배추 장사를 하며 꼬깃꼬깃 모았던 돈을 믿었던 사람에게 빌려줬다 떼이는 모습도 보았다. 이런 삶의 다양한 모습을 보며 그는 인간과 삶에 대한 수많은 질문을 던지게 되었다. 그리고 그 고민의 끝에서 당신을 포함한 모든 인간은 결국 미완의 존재이며, 그 불안함과 불완전함 때문에 서로 어울리며 채워가는 것이라는 답을 얻게 되었다.

이런 그의 깨달음은 이후 대통령이 되었을 때 내각을 구성하고 정책을 결정할 때에도 그대로 적용되었다. 우리 모두는 인간이기에 부족한 것이 많으며, 이를 보완하고 균형감각을 잃지 않으려면 나와 다른 생각, 심지어 반대의 생각을 하는 사람들도 등용하여 함께 토론하고 협의해야 한다고 생각한 것이다.

실제로 노무현 대통령은 내각을 구성하며 대선에서 경쟁자였던 후보들을 모두 등용했다. 심지어 고졸 출신의 평민 대통령이라며 자신을 무시하던, 엘리트 코스를 밟아온 사람들을 역대 내각 중에 가장 많이 기용하기까지 했다. 또한 여당과 야당의 협치를 통해 어느 한쪽으로도 쏠리지 않는 중도의 정치를 시도하기도 했다. 인간은 불안정하고 불완전한 존재이기에 독대를 경계하고, 어느 한쪽으로 기우는 것을 막기 위해 진보와 보수, 여당과 야당의 정치 리더들을 최대한 골고루 등용하여 양쪽의 의견을 다 듣고 합의점을 찾으려 한 것이다.

한편 노무현 대통령의 이러한 소신과 철학은 인사 정책에도 그대로 반영되었다. 당시 장관으로 임명된 이들, 그리고 청와대 내각 구성을 위해 발탁된 이들 중에는 노무현 대통령과 아무런 연고나 인연이 없는 사람이 대부분이었다. 노무현 대통령 스스로 인간으로서 자신의 불완전함을 인정하기에 애초부터 인사에 엄격한 공정함을 두어 흔들림의 여지를 없애려 한 것이다.

노무현 대통령은 여러 단계에 걸친 깐깐한 통과 관문을 만들어 최대한 객관적이고 공정한 과정을 통해 인재를 등용하려 애썼다. 예를 들어, A라는 자리에서 일할 인재들이 필요한 경우에는 미리 그 자리에 필요한 기본 역량을 정해주었다. 이를테면 '국제사회를 이해할 수 있을 것, 해당 분야에 대한 이론적 기반이 있을 것, 조직적인 생활을 해본 경험이 있을 것'이 바로 그것이었다.

보좌관들은 이 세 가지 기준을 모두 충족하는 인재를, 그 어떤 사적인 연결점 없이 오직 객관적인 자료로만 찾는다. 그리고 이어지는 관문으로 각 인물의 됨됨이와 능력 등을 살피는데, 이 역시 여러 단계를 거치며 철저히 점검한다. 해당 부처의 추천, 국회의원이나 국회의원 보좌관들의 추천, 청와대 출입 기자들의 추천, 시민단체의 추천을 거쳐 올라온 인물들을 노무현 대통령이 직접 심층 면접하여 최종 결정을 하는 것이다.

대통령은 인사의 최종 결정만 할 뿐, 이미 이전의 여러 단계에서 객관적인 기준에 따라 공정하게 평가했기에 이후 이렇다 할 문제가 드러나는 경우가 거의 없었다. 게다가 이렇게 깐깐한 평가를 통과해 등용된 인재에 대해 노무현 대통령은 지원과 지지를 아끼지 않았다. 등용의 기준이 엄격했던 만큼, 일단 등용 이후에는 전폭적인 신뢰와 지지로 그들의 능력을 최고치로 이끄는 것이 중요하다는 것을 잘 알았기 때문이다.

그에게는 진보도 보수도 중요하지 않았다. 그에게 중요한 것은 대한민국 국민이 평화롭고 행복하게 공존할 수 있는 것, 그것뿐이었다. 그런 그를 마음에 담은 사람들이 스스로 진보라기보다는 중도로 자리매김하려 하는 이유는 어쩌면 이런 그의 생각을 닮아 있는 것인지도 모른다. 치우침 없이 제대로 판단해서 균형을 잡고 싶다는 생각 말이다.

●

하나의 대한민국으로
힘을 모은다는 것

휩쓸려 가지 않고 판단해서 균형점을 찾는 것, 그것이 '깨어 있는 시민'
에게 요구되는 첫 번째 자세가 아닐까. 그렇게 한 사람 한 사람이 깨어
서 자신의 위치를 잡고 난 다음엔, 우리의 목소리가 들리도록 힘을 모
아야 한다. 그것이 깨어 있는 시민들에게 주어진 다음 과제인 '조직된
힘'일 것이다. '나'는 보잘것없더라도 '우리'는 무언가를 만들어낼 수 있
다. 다만 너와 내가 우리가 되려면 상대의 다름을 끌어안을 수 있어야
한다. 때로 설득해서 힘을 합쳐야 하는 상대는 나와 극단에 서 있을 수
도 있다. 극단이라고 해서 배제할 수는 없다. 나도 국민이듯 너도 국민
이기 때문이다. 그 극단을 끌어안지 못하면 '우리'의 힘은 매우 약해질
것이다.

　이런 의미에서 노무현 대통령이 주장한 것이 연정聯政이다. 연정은
'연합정부'라는 뜻으로 둘 이상의 정당이나 단체의 연합에 의하여 세
워진 정부를 가리키는 말이다. 노무현 대통령이 그 뜻을 펼친 지 한참
이 지난 지금도 우리나라에서는 이 말이 여전히 낯설다. 합의가 전혀
이루어지지 않고 반대를 위한 반대를 하느라 국회에 제대로 출석조차
하지 않고 자리를 비워버리는 우리 국회의원들의 모습이 이를 아주 잘
보여주고 있다.

"나는 성공한 대통령이 되고 싶습니다. 그런데 야당이 도와주지 않으면 한 발짝도 앞으로 나아갈 수가 없어요. 그러니 우리의 권력을 내어주고라도 그들과 함께 갑시다. 그래야 진정 국민을 위한 나라가 만들어집니다."

노무현 대통령은 "어차피 100%의 권력은 있을 수 없으니, 국가와 국민이라는 대의를 위하여 여당의 권력을 야당에 일정 부분 내어주고 전진을 꾀하자"고 했다. 이런 그의 말에 참모들은 너나없이 반대의 목소리를 높였다. 연정을 한다고 해서 야당이 선뜻 받아들이지도 않을뿐더러 책임지지 않는 정치를 한다고 국민들에게 욕만 먹을 것이 빤했기 때문이다. 어느 날 그는 독일의 사회학자인 울리히 벡^{Ulrich Beck}의 《적이 사라진 민주주의》라는 책을 들고 와서 함께 읽고 이야기를 나눠보자고 했다. 그리고 "야당이 우리의 적은 아니지 않은가? 권력을 나눠주고라도 나는 그들과 협의해 앞으로 나아가고 싶다"고 덧붙였다. 지금껏 정치는 적을 만들면서 내부를 결속시켜왔다. 과거에는 자본주의와 공산주의라는 냉전의 기류가 그 기본 틀이 되었으나 공산주의 정권의 붕괴로 사실상 이념의 시대는 끝났다. 이 책은 적이 사라진 시대를 맞아 정치가 새로운 길을 찾아서 새롭게 나아가야 함을 강조하고 있었다.

어떠한 정파도 국회의원의 50% 이상의 찬성을 얻지 못하면 법안을 통과시킬 수가 없다. 국가와 국민을 위해 꼭 필요하고 반드시 통과시켜야 하는 법안임에도 진영이나 정파의 논리에 매몰되면 반대를 위한 반대를 낳기도 한다. 그래서 결국 50% 이상의 에너지를 가진 정당이 되려면 다른 정파와 연대를 해야 한다. 그리고 연대를 하기 위해서는 다른 정파의 인물들에게 장관의 자리를 내어주거나 연정이나 협치 내각을 만들 수밖에 없다. 즉, '우리는 국민을 위해서 일해야 하니 당신의 생각과 내 생각이 크게 다른 부분은 후에 다시 의논하기로 하고 우선은 일치하거나 비슷한 부분은 힘을 합쳐서 앞으로 나아가자'는 것이다.

사실 연정은 우리나라에서는 낯선 개념이지만 유럽의 국가들은 대부분 이를 통해 정책을 실현해나간다. 연정을 통해 여당과 야당이 정책의 기본적인 틀과 하위 내용을 합의해둔다면 다음 정권에서 진영이나 정파가 바뀌더라도 이미 합의해둔 정책이 바뀌는 경우는 드물다. 정책에 일관성이 있으니 추진하기로 한 것이 엎어진다거나 하지 않기로 한 것을 갑자기 하게 되는, 예측 불가능한 상황은 벌어지지 않는다. 그러면 대통령은 임기 5년을 넘어 10년, 20년을 내다본 큰 계획을 세우고 정책을 일관성 있게 꾸준히 추진해나갈 수 있다. 독일의 경우, 연정을 통해 어떤 정책을 결정하면 합의하는 과정에서 수백 페이지에 달하는 세세하고 꼼꼼한 정책 합의서를 쓴다. 마치 계약서를 쓰듯 철저하게 약속한다. 거짓이나 꼼수가 끼어들 여지를 최대한 없애는 것이다. 여기 관련된 사람들은 훗날 "나는 그런 말을 한 적이 없다"며 모르쇠로 일관할 수 없다. A4용지 한 장에 큰 원칙만 합의해놓고, 나중에 트집을 잡고 거짓말을 하는 우리나라 정치인들의 모습과는 사뭇 다르다.

한쪽이 승리하면 다른 한쪽이 지게 되는 제로섬 게임이 아닌, 모두가 함께 이기고 발전할 수 있는 지혜로운 해법을 찾아야 한다. 이를 위해선 야당과 여당, 진보와 보수의 분열이 아닌 모두의 마음을 하나로 모은 모두의 정치가 필요하다. 그것이 '권력'이라는 그 덧없고 허무한 하나를 내어주고 모두를 얻는 최선의 길이다.

●

역사의 새로운 출발선에서
다시 민주주의를 묻다

민주주의란 무엇일까? 30여 년 전 뜨거웠던 가슴들이 목놓아 외쳤던 민주주의는 여전히 미완인 상태로 오늘의 우리에게 '민주주의란 무엇인가'를 묻게 한다. 민주주의는 하나의 정치 형태일 수도, 하나의 정치 이념일 수도 있을 것이다. 그러나 나는 민주주의란 '삶의 자세' 혹은 '인간에 대한 태도'라고 생각한다. 국민 한 사람 한 사람이 모두 나라의 주인이 되는 세상은 먼저 타인에 대한 존중과 인간에 대한 예의가 자리 잡지 않고서는 실현 불가능하기 때문이다. 그래서 민주주의 국가는 그 성패가 정치인이 아니라 국민 개개인에게 달려있다.

그렇다고 국민 개개인에게 어떤 특별한 능력이 요구되는 것인가 하면, 그렇지는 않다. 그저 내가 소중한 만큼 상대도 소중하고, 내 생각이 중요한 만큼 상대의 생각도 중요함을 인정하고 존중하면 된다. 경제력이나 학력, 성별과 직업, 나이 등 나를 수식하는 것들을 모두 내려놓고, 오롯이 인간 대 인간으로 서로를 존중하고 배려하는 평등한 관계여야 한다. 이런 수평적인 사고가 이루어지지 않으면 모두의 생각을 모으고 마음을 끌어안는 진정한 민주주의를 실현하기 어렵다.

결국 노무현 대통령이 말하고 싶었던 것 역시 '진짜' 민주주의다. 그가 권위주의를 청산한 것도, 수평적 사고를 펼쳐 보인 것도, 중도에 서는 듯한 모습을 보인 것도, 연정을 주장한 것도 모두의 의견을 수렴하여 가장 나은 미래를 그려보겠다는 열망 때문이었다. 그것은 다름 아닌 모든 국민이 주인인, 진정한 민주주의다.

노무현 대통령은 진정한 민주주의의 실현을 위해 권위주의를 버렸고, 반대 진영을 끌어안았다. 그가 우리의 대통령이었을 때 우리는 그가 권위 없이 행동한다고 비난하곤 했다. 그러나 우리는 그때 이해하지 못했다. '권위주의'와 '권위'가 다르다는 것을 말이다. 그는 권위주의를 버렸지 권위를 버린 것이 아니었다. 오히려 권위가 있었기 때문에 권위주의를 버리고 상대의 말을 기꺼이 경청하려는 자세를 취할 수 있었던 것이다. 그것이 그가 보인 참된 권위였다. 그러나 우리는 권위주의를 버린 권위에 대해 익숙하지 못했다. 그래서 독선과 호통을 내려놓은 그의 권위를 지켜주기보다는 각 진영, 각 집단의 힘으로 그를 구석까지 몰아붙였다. 결국, 우리는 다시 권위주의를 불러들였다. 민주주의는 말할 것도 없고 경제도 다시 불안해졌다.

민주주의가 다소 힘을 잃은 것이야 그럴 수 있다지만 경제는 왜 불안해졌던 것일까? 다만 지도자 한 사람의 욕심 때문이었을까? 앞서 민주주의는 타인에 대한 존중이라고 말했다. 그래서 바른 민주주의는 시장이 인간을 소외시키지 않도록, 더 나은 내일을 꿈꾸며 상대방을 끌어안을 수 있도록 도와준다. 돈이 인간의 우위에 서게 되는 시장경제의 한계를 민주주의가 극복하게 해주는 것이다. 시장은 무능력한 사람을 솎아내지만 민주주의는 무능력한 사람도 함께 살아야 할 '우리'라고 간주한다. 이 원리가 작동되지 않으면 경제도 얼마 지나지 않아 몰락하게 될 것이다. 상대방을 딛고 일어서 부자가 되었지만 절망과 분노만 가득한 불안한 세상에서 더는 이윤이 날 리 없기 때문이다.

이 점이 기업의 회장과 한 국가의 대통령이 가장 크게 다른 지점이다. 기업은 경쟁이 거세지면 원가절감을 위해 '사람'부터 줄인다. 그러나 정치는 그 어떤 위기 상황에도 '포용'을 원리로 움직인다. 나와 생각이 완전히 반대인 사람도 이 나라 국민, 끌어안아야 할 '우리'인 것이다. 국가 정치의 한복판에 서 있는 대통령은 그 '우리'를 최전방에서 고려해야 하는 사람이다. 쳐낼 것을 고민하는 것이 아니라 끊임없이 어떻게 끌어안을까를 고민해야 한다. 따라서 무엇보다 탁월한 균형감각이 필요하다. 대통령이 된 순간 노무현은 그것을 깨달았다. 권위주의를 내려놓고 그가 찾으려 했던 것은 모두를 끌어안는 '균형'이었다. 그 균형 속에서 민주주의는 물론이고 경제도 더 건강하게 성장하게 되리라는 것을 그는 알았다.

균형! 역사 발전의 열쇠가 바로 여기에 있다. 그는 우리 손에 내일을 여는 열쇠를 쥐어주었고, 이제야 우리는 그것을 조금씩 깨달아가며 그와의 때 이른 이별을 안타까워한다. '너'의 생각을 끌어안고 '너'의 삶을 끌어안아 '모두'가 잘사는 대한민국을 만드는 첫걸음을 그는 이미 시작하고 있었다.

코로나19로 그 어느 때보다 불안감이 고조된 지금, 대한민국은 세계 어느 나라보다 영민하게 대처하고, 서로를 따뜻이 껴안으며 모범적으로 위기를 극복해나가고 있다. 나는 그런 국민의 마음이 대한민국을 전진하게 하는 가장 강력한 에너지임을 의심하지 않는다. 내일을 향해 힘차게 나아가는 이때, 혹시 우리가 놓치고 있는 것은 없을까? 더 살피고 보듬어야 하는 것은 없을까? 사람 사는 세상을 꿈꿨던 노무현 대통령의 생각에 비추어 오늘 우리의 모습을 짚어보고 내일을 대비하는 시간을 가져보고자 한다.

그의 오랜 관심사였던 국가의 흥망사를 곁에서 함께 연구했던 나는 글로벌 팬데믹 위기가 한반도에 역사적 기회를 가져다줄 것이라고 믿는다. 디지털 혁명이라는 문명사적 전환기와 맞물려 한반도가 새로운 문명 발상의 거점으로 변모할 수 있는 적기다.

중국 변방의 작은 부족이었던 진秦은 중국을 최초로 통일했다. 척박한 땅의 그리스는 서양 문명을 창조했다. 저지대의 네덜란드는 자본주의와 근대 서양을 잉태했다. 이민자의 나라 미국은 혁신으로 전무후무한 국가를 이루었다. 디지털 시대를 맞아, 그동안 소외되었던 한반도가 동양과 서양을 융합하는 새로운 문명 창조 국가로 거듭날 기회가 다가오고 있다. 대한민국은 그 미래를 탐험해나가고 있는 중이다.

이광재

6장 ────────────────────────

글로벌, 세계의 중심에
대한민국을!

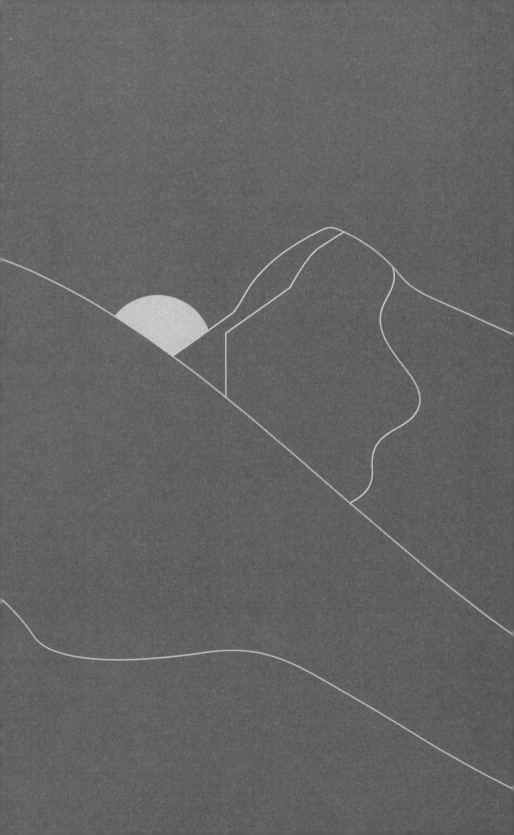

1장 ——————— 세대, 너와 나의 에너지가
모두의 시너지로

봉하마을에서 함께 길을 걷던 노무현 대통령이 물었다.

"세상에서 제일 아름다운 장면이 뭐라고 생각하나요?"

"글쎄요⋯."

내가 서둘러 답을 찾고 있을 때 그가 이렇게 말했다.

"나는 장을 봐서 자전거 바구니에 담고 뒤에 아이를 태우고 가는
엄마의 모습이 세상에서 가장 아름다워 보여요.
인간은 결국 다음 세대, 자식과 더불어 살아갈 때 가장 행복하거든요."

노무현이 꿈꾸던 세상은 분명했다.

모두가 행복한 세상,
그리하여 사람사는 세상.

부모의 마음으로 다음 세대를 이끌어주고
자식의 마음으로 앞세대를 존중해주며
너에게 내가, 나에게 네가
힘이 되고 희망이 된다면
그 '행복한 세상, 사람사는 세상'을
못 이룰 이유가 없다.

쪽에서 나왔으나
쪽보다 더 푸르른

청출어람靑出於藍. '청靑색은 쪽藍에서 나왔으나 쪽빛보다 더 푸르다'라는 뜻의 고사성어로, 제자가 스승보다 더 나음을 비유할 때 종종 쓰는 말이다. 그런데 이 말에서 기성세대와 청년세대가 결코 다르지 않음이 드러난다. 오히려 서로의 빛을 존중하면서 기성세대가 청년세대의 발전을 도울 때 마침내 세대 간 시너지가 창출될 수 있다는 것이다.

안타깝게도 우리 사회는 청년세대와 기성세대가 서로를 그릇된 존재로 인식하며 소통을 단절하고 외면하는 분위기가 만연하다. 청년들은 부모뻘인 기성세대를 '꼰대'라 부르며 귀를 닫아버리고, 기성세대는 청년들을 '버릇없고 제멋대로'라며 혀를 찬다. 청색은 제가 쪽에서 나왔음을 인정하고 존중하며, 쪽은 저를 통해 나온 청색이 저보다 더 푸른 것에 기뻐한다면 세대 간의 균형을 찾고 진정한 시너지를 창출할 수 있을 것이다.

"청년은 국가의 미래다."

선거철만 되면 후보들은 기다렸다는 듯 '청년'을 외쳐댄다. 청년이 꿈을 품고 열정적인 도전을 이어가야 국가의 미래에 희망이 생긴다고! 너무나 당연한 말임에도, 매번 선거철만 되면 잊지 않고 등장하는 것은 이런 우리의 바람과 현실이 너무나 동떨어져 있기 때문일 것이다.

대한민국이 세대 프레임에서 벗어나 분열이 아닌 균형을 찾으며 세대 간의 시너지를 발휘하기 위해선 무엇보다 청년세대의 절망을 들여다볼 필요가 있다. 그리고 그들의 절망을 토닥이며, 꼬인 실타래를 함께 풀어가야 한다.

세계 최고의 교육 수준과 열정을 자랑하는 대한민국의 청년세대들은 꿈을 꾸기도 전에 당장 눈앞의 현실을 고민해야 한다. 20대 중후반이 되면 경제적인 홀로서기를 준비해야 하지만 극심한 취업난에 직장을 구하기도 어렵다. 좋은 아이디어가 있어 창업하려 해도 최소한의 자본금은 있어야 하니 선뜻 도전하기 쉽지 않다. 게다가 이렇다 할 사회안전망조차 갖춰져 있지 않은 탓에 도전의 결과를 고스란히 제 삶으로 떠안아야 한다. 이러한 현실의 장벽 앞에서 청년들은 도전보다 포기와 절망에 더 익숙해져 간다.

연애와 결혼, 출산을 포기하는 청년세대를 일컫는 '3포 세대'라는 말이 처음 등장했을 때 안타까움을 넘어 참담한 마음이 들었다. 사회의 주역이 되어 대한민국을 이끌어나가야 할 청년들이 삶의 중요한 원동력이자 목표인 연애와 결혼, 출산을 포기하는 것은 그들의 미래를 포기하는 것과 다를 바 없다. 게다가 이는 곧 대한민국의 미래가 희망이 아닌 절망으로 물들어갈 위험을 예고하는 것이기도 했다. 더군다나 청년들은 해마다 포기할 것들이 늘어났고, 마침내 포기해야 할 것들이 너무나 많아서 그 숫자를 특정할 수 없는 'N포 세대'에까지 이르게 됐다. 무한대의 희망과 꿈을 품고 살기에도 모자란 파릇파릇한 청춘들이 무한대의 절망을 먼저 생각하게 된 이유를 모르지 않기에 안타까운 마음은 더욱 크다.

어린 시절의 가난과 배고픔을 기억하던 기성세대는 그들이 청년이던 때부터 풍요로운 삶을 목표로 도로를 만들고 공장을 짓고 빌딩을 세우며 지금의 산업사회를 일궈냈다. 먹고사는 것이 가장 큰 과제였던 탓에 너나없이 "일단 달려!"를 외쳤고, 그 결과 바라던 대로 빠른 속도로 경제성장을 이루었다. 그러나 고도성장의 이면에는 그에 못지않은 부작용도 있었다. 부의 불평등, 계층 간의 갈등, 주입식 교육과 과도한 사교육의 폐단, 지역의 불균형적인 발전, 편 가르기 식의 후진적 정치문화 등 다른 중요한 부분에서 온갖 모순과 폐단이 등장하며 균형을 잃어가고 있다.

때문에 대한민국의 청년들은 낙타가 바늘구멍에 들어가는 것에 비유될 정도로 극심한 취업난, 천정부지로 치솟는 집값의 혼란 속에서 출발하기도 전에 포기를 강요당한다. 어렵사리 취업에 성공한다 한들 제자리걸음인 월급과 달리 매년 상승곡선을 그리는 물가와 생활비용, 고용불안 등으로 결혼과 출산은 물론이고 꿈과 희망까지 포기해야 한다. 절망의 한가운데에 선 이들에게 "당신이 이 나라의 미래이니 절대 그 어떤 것도 포기해서는 안 된다!"는 어설픈 위로는 가식과 위선으로 느껴질 뿐이다.

이러한 청년세대들의 절망과 불안을 과열화된 경쟁 구도의 결과물로 치부하거나, 아프니까 청춘이라며 아픔을 마냥 미화해서는 안 된다. 더군다나 그것이 생존과 직결된 아픔과 고통이라면 젊어 고생은 사서도 한다며 어쭙잖게 위로할 것이 아니라 함께 머리를 맞대고 적극적으로 해결책을 찾아야 한다. 절망에 빠진 청년들에게 필요한 것은 어설픈 위로나 격려가 아닌 분명한 대안이다. 선거철마다 유행처럼 들고나오는 전시적 구호나 일시적인 시혜성 혜택이 아닌 그들의 능력을 당당히 펼칠 정당한 자리와 역할이다.

청년은 국가의 가장 귀한 자산이자 에너지다. 그들 속엔 기성세대와는 차별화된 그들만의 역량과 에너지가 있다. 특히 디지털 세상으로의 변화를 기민하고 역동적으로 주도하여 국가의 미래에 활기를 불어넣을 준비가 돼 있다. 이들의 에너지를 적극적으로 활용하지 않고 자리를 만들어주지 않는 것은 국가의 미래를 포기하는 것과 다를 바 없다. 한창 꿈을 꾸고 열정적으로 그 꿈을 향해 뛰어가도 모자랄 나이에 도전도 하기 전에 포기부터 해야 하는 청년의 절망은 곧 국가의 패망으로 이어진다.

가을 추수가 끝난 황량한 들판을 보면서 감사의 미소를 지을 수 있는 것은 다음 해에 그곳을 다시 풍성하게 채워줄 곡식들에 대한 기대

때문이다. 이것이 막연한 기대가 아닌 현실의 성과로 이어지려면 다시 부지런히 씨앗을 심고 땅을 일구는 노력이 필요하다.

●

기성세대,
변화하든지 물러나든지

준비된 인재라 할 수 있는 청년세대는 왜 아직도 출발선에 머물러 있는 것일까? 청년세대들이 국가의 미래로 자리매김하지 못하는 데는 여러 이유가 있지만 무엇보다 청년들이 설 자리가 많지 않다는 것을 꼽을 수 있다. 정치나 경제, 문화 등 사회 전반에 걸쳐 청년의 열정과 에너지가 필요하다고 말하면서 정작 기성세대들은 그들에게 자리 내어주길 주저한다. 내 밥그릇을 빼앗길까 두렵기도 하고, 나만큼 잘 해낼 수 있을까 염려가 되기도 한 탓이다.

언젠가 기성세대를 맹렬히 비판하는 책을 보며 나 자신이 기성세대 중 한 사람으로서 부끄러웠던 기억이 있다. 컬러TV의 등장으로 쓸모가 없어져버렸음에도 거실 한가운데에 떡하니 버티고는 비켜줄 생각을 않는 흑백TV처럼, 기성세대는 어느새 기득권만 주장하는 꽉 막힌 꼰대가 되어 있었다. 그리고 무엇보다 현재 우리 사회를 '헬조선'으로 만든 주범으로 지목되고 있었다. 다소 불편한 부분도 있었지만, 그럼에도 상당 부분은 인정할 수밖에는 없는 사실이었다.

대한민국은 산업화 세대와 민주화 세대의 희생과 열정으로 현재에 이르게 되었다. 기성세대가 청년이었던 30여 년 전, 그들은 사회의 주역이 되어 우리나라에 산업화와 민주화를 일궈냈다. 현재의 청년세대들이 그것을 알든 모르든, 기억하든 기억하지 않든 이미 역사를 통해 증명된 사실이다. 그러나 그들의 영광은 거기서 끝나야 한다. 시대가 바뀌고 상황이 바뀌면 개인의 역할도 바뀌어야 한다. 산업화와 민주화에 쏟았던 열정만을 기억하며, 내가 아니면 안 된다는 영웅의식에 빠져 있다면 결국 앞뒤 꽉 막힌 꼰대의 이미지만 굳어질 뿐이다.

디지털 혁명의 물결로 새로운 세상이 열리는 지금, 과거의 산업화 세대와 민주화 세대의 주역들이 여전히 정치계를 비롯한 사회 곳곳에서 리더의 자리를 꿰차고 비켜주지 않으면 그만큼 변화에 뒤처지게 된다. 그리고 이는 단지 늦게 출발하고 더디게 따라가는 문제로만 끝나지 않는다. 경제, 외교, 정치, 교육 등 다양한 영역에서 국가 경쟁력이 떨어지고 국민 삶의 질 또한 급격하게 추락하게 될 것이다.

대표적인 기성세대인, 일명 '386세대'는 광주민주화항쟁을 시작으로 대한민국의 본격적인 민주화를 이끌었던 세대다. 그들도 한때는 각 분야의 핵심 인재로 활약하며 최고의 에너지와 열정을 발산했다. 그러나 지금은 본의 아니게 꼰대 취급을 당하며 청년세대의 눈총을 한몸에 받는다. 2019년 〈중앙일보〉에서 전국의 성인남녀 1,000명을 대상으로 실시한 '386세대에 관한 여론조사'에서 응답자의 23.1%가 386세대의 가장 큰 문제점으로 '시대에 뒤떨어진 생각, 편 가르기 행태'를 꼽았다.

그리고 21.8%가 '기득권 독점, 후속세대에 대한 배려 부족'을 꼽았다.

386세대를 비롯한 기성세대는 왜 우월감에 사로잡힌 꼰대가 되었을까? 그들이 나쁘거나 못나서 그런 것은 아니다. 앞서 말했듯이 그들도 한때는 최고로 빛나는 열정적인 인재였다. 단지 시대의 변화에 따라 시대적 과제 또한 달라졌음에도 그것을 수용하지 못한 탓에 스스로 꼰대가 된 것이다. 즉, 시대적 과제를 해결할 능력도 갖추지 못하고, 그렇다고 해서 능력을 갖춘 이들에게 자리를 내어주지도 않는, 비대해진 욕심과 미련이 그들을 꼰대로 전락시켰다.

특히 정치계는 이런 현상이 더 두드러진다. 50대에 접어들면 슬슬 은퇴 준비를 해야 하는 일반적인 조직과는 달리 정치계는 50대와 60대가 주축을 이룬다. 물론 나이는 숫자에 불과하기에 단지 나이가 많다는 이유로 그 능력까지 의심해서는 안 된다. 이런 것을 고려한다고 하더라도, 대다수의 기성세대 정치인들이 세상의 변화와 그에 따른 국민의 필요를 영민하게 따라가지 못한다는 사실은 부인할 수 없다.

김대중 정부는 1990년대에 청년세대를 대거 등용해 차세대 정치 리더들이 기반을 잡을 수 있도록 터를 만들어주었다. 그런데 30여 년의 세월을 지나오며 어느덧 기성세대가 된 당시의 386세대는 새로운 디지털 세대를 여간해서는 기용하지 않는다. 그들이 윗세대에게서 받았던 배려와 혜택을 다시 베풀기는커녕 더 세차게 움켜쥐며 틈을 내어주지 않는다. 오죽하면 지금의 기성세대는 아래 세대가 올라오지 못하게 아예 사다리를 걷어차 버렸단 말까지 나올까.

자신들이 여전히 건재하다는 만용일 수도, 자리를 내어주는 순간 밀려나게 된다는 두려움 때문일 수도 있다. 그게 무엇이든, 더이상 소용이 없어진 이는 떠나야 한다. 그리고 그 뒷모습마저 아름답기 위해선 변화에 떠밀려 마지못해 밀려나는 것이 아닌, 주인공이 되어 활약할 다음 세대를 이끌어주고 토대를 마련해주는 것으로 역할 전환을 해야 한다.

제2차 세계대전 당시 영국의 수상이자 국방장관이었던 처칠은 탁월한 리더십과 용기, 불굴의 의지로 독일로부터 영국을 지키고 전쟁을 연합군의 승리로 이끌었다. 1941년 영국은 2년간 이어졌던 전쟁으로 피폐해질 대로 피폐해져 전쟁에 사용할 무기를 구입하고 운송할 여력조차 없는 지경에 놓였다. 이때 처칠은 미국으로부터 군사원조를 받기 위해 루스벨트 대통령을 강한 자신감과 논리로 설득했고, 결국 미국의 무기수출법까지 바꾸면서 원조를 받아냈다. 또한, 오랜 전쟁으로 불안감이 커진 영국 국민에게 감동적인 방송 연설로 큰 용기를 불어넣기도 했다. 덕분에 전쟁이 끝난 후 처칠은 국민 영웅이 되었다.

안타깝게도 처칠의 영광은 거기까지였다. 전쟁이 끝난 영국은 총칼의 두려움에선 벗어났지만 나라 전체가 황폐하고 처참해진 상황이었다. 도시가 무너지고 고아와 부상자가 즐비했다. 국민에게 필요한 것은 이미 과거가 된 전쟁영웅이 아닌, 현실의 힘듦을 해결해줄 새로운 리더였다. 그 결과, 이어진 총선에서 처칠의 보수당은 '요람에서 무덤까지'라는 구호를 내세운 노동당에게 패배하게 된다.

영국민은 전시에 영국을 지키고 승리로 이끌어준 처칠의 리더십에 박수를 아끼지 않았지만, 다시 찾은 평화의 시기엔 전혀 다른 리더십을 원했다. 그들은 안정적인 직장과 의료, 교육, 복지 등 전시와는 다른 전혀 새로운 것을 원했고, 그것을 채워줄 것이라 기대되는 새로운 정치 리더를 선택했다. 처칠은 어떻게 국민이 나한테 이럴 수 있느냐며 분통이 터졌겠지만, 국민의 입장은 달랐다. 전쟁에서 이긴 것과는 별개로, 이제부터 필요한 리더는 자신들에게 기존과는 다른 것을 줄 사람이었다.

정치는 시대정신과 함께 나아갈 때 진정한 의미가 있다. 386세대가 부상하기 시작했던 1980년대부터 기업과 정당에서 핵심 세력으로 맹활약했던 2000년대에 이르기까지, 그들은 당시 국민이 가장 필요로 했던 민주화에 기여했다. 그러나 이제 디지털 사회로 진입하면서 우리 사회는 새로운 시대정신과 새로운 가치, 새로운 삶의 방식을 요구하고 있다. 특히 코로나19 사태로 인해 교육, 소비, 문화 등 대부분의 일상생활에서 비대면과 비접촉을 추구하는 언택트Untact 문화가 급격하게 확산되면서 이제 디지털 기술의 활용은 생존을 위한 필수 요소가 되고 있다. 더군다나 이러한 변화는 직접적인 대면과 접촉을 요구하던 기존의 산업을 뿌리째 흔들며 국가 경제에 큰 위기를 초래하고 있다. 디지털 기술의 적극적인 활용을 통한 신성장동력의 확보가 시급한 이유다.

기성세대는 이러한 생활방식의 변화와 그에 따른 국민의 니즈를 충분히 충족시켜줄 수 있도록 스스로 혁신하든지, 변화가 어렵다면 디지털 사회의 방식에 적합한 청년세대들이 중심에 설 수 있도록 자리를 내주어야 한다. 특히 정치를 비롯하여 경제, 문화, 외교 등 사회의 모든 분야에서 리더는 더더욱 시대의 변화에 영민하게 대응해야 한다. 현시대의 변화를 읽고 필요를 알아야 나아갈 방향을 찾고 해답을 내놓을 수 있다. 설령 이전까지 최고의 리더였다고 해도 시대정신을 잃었다면 이제는 뒤로 물러나야 한다. 그리고 새로운 시대 에너지를 가진 청년들에게 자리를 내어주고 그들을 응원해주어야 한다. 냉정하지만 국민과 국가의 발전을 위해선 당연한 선택이다.

●

세대 차이는 갈등인가,
에너지인가

사회의 다양한 영역에서 활발하게 활동 중인 기성세대와 넘치는 열정으로 적극적인 참여를 희망하는 청년세대는 확연히 다른 성향을 보인다. 기성세대가 '연륜'에서 비롯된 에너지를 창출한다면 청년세대는 '패기'가 에너지의 강력한 원천이다. 기성세대가 위아래로 정렬되는 위계적 구조와 권위에 익숙한 데 비해 청년세대는 탈권위주의를 지향하고 합리적이고 이성적인 수평적 소통을 추구한다. 기성세대가 경험을 통한 지혜와 지식을 축적했다면 청년세대는 창의적 아이디어와 디지털 기술을 결합한 새로운 도전에 능숙하다.

이러한 다름은 옳고 그름의 문제가 아닌 차이의 관점에서 바라보아야 한다. 그래야 다름을 분열이 아닌 보완의 에너지로 활용할 수 있다. 확연히 다른 이 두 에너지를 갈등이 아닌 보완과 조화로 이끌고 마침내 균형을 찾을 때 우리 사회는 청년세대의 절망을 덜어줄 뿐만 아니라 그토록 바라던 세대 간의 협력과 시너지를 창출해 국가의 미래까지 밝힐 수 있다.

산업화와 민주화를 이끌었던 기성세대의 열정과 저력은 이제 청년세대를 주역으로 만드는 거름으로 활용되어야 한다. 제품을 생산하던 과거와는 달리 지금은 데이터와 콘텐츠를 생산하는 시대로 바뀌고 있다. 가상세계를 지배하는 자가 세계를 지배하는 시대가 된 것이다. 빅데이터와 인공지능을 기반으로 디지털 경제, 공유경제로 급변하는 세상에서 적극적이고 진취적으로 변화의 물결에 올라타야 한다. 이런 시대적 변화에 능동적이고 기민하게 대응하기 위해서는 새로운 시대정신과 새로운 에너지를 가진 세력이 역사의 전면에 등장해야 한다. 즉, 디지털 기술을 적극적으로 활용하고 급변하는 국제 정세에 능동적으로 대처하는 창의성과, 두려움 없이 도전하는 열정이 필요하다.

그렇다고 해서, 나이가 많다는 이유로 기성세대의 능력을 무조건 평가절하할 이유는 없다. 세대나 나이는 그저 보편적인 기준일 뿐이다. 기성세대의 정치인들이 스마트한 정치인으로 거듭나기 위해서는 부단한 학습과 현장의 경험을 통해 미래를 발견할 수 있는 눈을 키우면 된다. 그리고 무엇보다 내가 중심이 되겠다는 욕심을 내려놓아야 한다. 중심이 아닌 역사 발전의 도구가 되어, 청년세대들이 대한민국의 미래 역사를 써나갈 수 있도록 연결해주고 도와주는 다리 역할을 해야 한다.

대한민국의 역사가 수난의 역사, 고통의 역사, 분열의 역사를 벗어나 미래의 역사가 되고 희망의 역사가 되려면 우리 스스로가 근본적으로 대전환을 해야 한다. 기성세대가 오늘날 이렇게 성장하기까지는 윗세대의 지원이 큰 역할을 했다. 어느덧 사회 전반에 걸쳐 중추 세력이 된 기성세대가 청년세대를 힘차게 당겨주면 큰 물결을 형성할 수 있다. 청년세대는 현재 새로운 방식으로 자신들의 에너지를 모으며 한창 발아하는 중이다. 그들이 역사의 전면에 빠른 속도로 등장할 수 있도록 도와주는 게 기성세대의 역할이다.

기성세대가 시대적 변화에 적응하기 위해 디지털 기술을 애써 학습하고 훈련하는 데 비해 청년세대는 디지털 기술을 온몸으로 체화해 당연한 일상으로 받아들이는 세대다. 특히 주목할 점은, 청년세대는 연령대로 보면 50~60대인 기성세대의 자녀 세대인데, 이들은 자신의 관심과 소신을 표현하고 에너지를 모으는 방식이 부모 세대와 완전히 다르다. 기성세대가 과거 학생운동을 기반으로 민주화를 열망하는 국민의 심리적 지지를 받았다면 청년세대는 '플랫폼'이라는 강력한 자기 기반을 가지고 있다. 또한 기성세대가 오프라인 공부 모임이나 아고라 같은 온라인 토론방에 모여서 생각을 모으고 에너지를 모았다면 청년세대는 플랫폼이라는 형태로 점차 에너지를 모아가고 있다.

플랫폼은 언제 어디서든 뜻을 같이하는 사람들이 모이고 흩어지는, 자율적이고 분산적인 가상공간이다. 강제적 응집력은 부족할지라도 시장의 지지라는 강력한 배경이 있다. 예를 들어 '트레바리', '열정에 기름 붓기', '퍼블리', '텀블벅' 등과 같이 책 읽기나 영화 보기, 대화나 토론을 통한 공감 형성, 예술 문화 콘텐츠 후원 등을 목적으로 하는 플랫폼에는 같은 관심사를 가진 사람들이 모여 정보를 얻고 공부를 하고 사회적 솔루션을 만들어낸다. 게다가 참여자들은 직접 돈을 내고 펀딩을 하기도 하는데, 청년의 꿈을 청년들 스스로가 응원하고 지원해주는 상생과 공존의 가치를 직접 만들어가는 것이다.

그뿐만 아니다. 청년세대의 돋보이는 특징 중 하나가 '세계화'다. 이것은 단순히 외국어를 잘하는 것과는 차원이 다르다. 이들은 사고나 아이디어의 폭이 국경이라는 울타리를 당연한 듯이 뛰어넘는다. 기성세대에게 세계 무대가 선택의 영역이었다면 청년세대에게 세계는 너무나 당연한 꿈의 무대인 것이다.

디지털 기술을 삶으로 체화하고 세계화가 된 새로운 세대가 큰 잠재력을 품고 플랫폼이라는 공간으로 모이고 있다. 이들은 '이미 현재에 와 있는 미래'이자 디지털 시대의 주역이다. 이들이 얼마나 빠르게, 얼마나 탄탄하게 현재가 될 수 있느냐에 따라 우리 사회의 미래가 결정된다. 이전과는 전혀 다른 청년세대의 에너지는 현재를 이끌고 미래를 성장시키는 가장 강력한 자원이며, 기성세대가 지혜와 경륜으로 이들을 아낌없이 지원할 때 최고의 시너지를 일으킬 수 있다.

청년의 실패를 보호할
'사회안전망'이 필요하다

2020년, 취업 포털 플랫폼인 잡코리아와 알바몬이 함께 실시한 설문 조사에서 20~30대 청년 10명 중 4명이 공무원시험을 준비한다는 조사 결과가 나왔다. 왜 공무원시험을 준비하느냐는 질문에는 '정년까지 안정적으로 일할 수 있기 때문에'라고 답변한 사람들이 가장 많았다. 꿈을 향해 힘껏 내달려야 할 청춘들이 안정을 최우선으로 꼽는 것을 안타까워하기 이전에 왜 꿈을 향한 도전을 포기해야만 하는지, 그리고 그들이 꿈을 내려놓은 국가의 미래는 과연 어떨지에 대해 깊이 고민해야 한다.

인류 역사상 수많은 사람이 꿈에 도전하고, 그 꿈을 이루며 세상의 발전을 이끌었다. 꿈을 향한 도전은 개인의 성취뿐만 아니라 국가와 인류의 발전에 가장 큰 원동력이다. 그런데 마음속에만 머무는 꿈은 결코 미래가 될 수 없다. 반짝이는 아이디어를 머릿속에만 남겨둘 것이 아니라 세상 밖으로 꺼내 모두의 것으로 만들어야 한다. 꿈은 풍성한 미래를 준비하는 씨앗이고, 도전은 씨앗을 심고 가꾸며 성장시키는 일이다. 꿈을 품고 도전하는 사람이 많을수록 국가의 미래는 더욱 풍요로워진다.

세계 최고의 혁신 국가로 인정받는 핀란드는 한때 국가 경제에 큰 위기가 닥친 적이 있다. 세계 휴대전화 시장 점유율 1위를 자랑하며 국가 경제의 25%를 책임지던 노키아가 쇠락하면서 핀란드 경제도 휘청거린 것이다. 더군다나 같은 시기에 글로벌 금융위기까지 덮치면서 핀란드 경제는 급격하게 침체했고, 많은 사람이 일자리를 잃었다.

이렇듯 심각한 수준의 경제위기를 맞았던 핀란드는 어떻게 세계 최고의 혁신 국가로 도약할 수 있었을까? 그것은 바로, 핀란드 정부가 청년들의 꿈에 적극적으로 투자하고 지원한 덕분이다. 핀란드 정부는 노키아 사태를 통해 특정 대기업에 의존한 산업구조의 위험성을 깨닫고 청년들의 혁신 창업에 대대적인 투자와 지원을 하기 시작했다. 특히 이 과정에서 핀란드 정부는 단순한 물적·인적 지원이 아닌 창업 생태계 조성을 위한 인프라 구축에 역량을 집중했다. 산학협력을 통한 인재 양성과 역량 강화, 신기술 연구개발에 대한 투자 확대, 규제와 제도의 과감한 개혁, 대기업과 민간 벤처캐피털^{VC}의 스타트업 투자 활성화, 그리고 실패에 따른 위험을 정부와 사회가 함께 분담하는 등 성공 창업을 위한 생태계를 구축하는 것에 주력한 것이다. 이런 노력의 결과로 핀란드는 활발한 청년 창업을 통해 세계 최고의 혁신 국가로 재도약하게 된다.

핀란드 못지않은 혁신 창업 국가로 손꼽히는 스웨덴은 기업 가치가 10억 달러 이상인 유니콘 기업을 다수 배출하며 글로벌 스타트업의 성지로 부상하고 있다. 가난과 경제위기를 극복하고 스웨덴이 혁신 창업 국가로 거듭난 데는 우수한 창업 생태계에서 그 이유를 찾을 수 있다.

스웨덴은 1990년대부터 고속 인터넷 등 IT 인프라를 탄탄하게 구축하고, 컴퓨터를 사면 세금을 깎아주는 등의 지원으로 모든 국민이 컴퓨터에 능숙할 수 있도록 도우며 적극적으로 디지털 경제를 준비했다. 그뿐만 아니다. 이러한 디지털 토양에서 자란 청년들이 더 많이 혁신 창업에 도전할 수 있도록 스웨덴 정부는 제도, 기술, 금융, 인적자원 등에서 창업이 활성화할 수 있는 환경을 만들며 든든한 뒷배가 되어준다. 덕분에 스웨덴은 전체 기업의 7%가 신생 창업기업일 정도로 창업이 활발하게 일어난다.

물론 도전이 활발하면 그만큼 수많은 시행착오가 따른다. 스웨덴의 경우, 창업 후 1년 이내 폐업하는 경우가 30% 가까이나 되지만, 이것을 완전한 실패로 생각하지 않는다. 더 나은 아이디어로 다시 도전하면 된다고 믿기 때문이다. 스웨덴은 창업자가 사업에 실패하더라도 개인 파산으로 이어져 낙오자가 되거나 신용불량자가 되는 일도 없다. 창업은 실패의 위험을 내포한 만큼 그 위험을 국가와 사회가 함께 짊어지기 때문이다. 게다가 실패를 성공을 향한 하나의 과정으로 바라보며 실패자에게 비난이 아닌 진심 어린 격려와 박수를 보내는 사회 분위기 덕분에 스웨덴의 창업자들은 언제든지 힘을 내서 다시 도전할 수 있다.

국가의 산업경쟁력을 강화하고, 고용불안과 극심한 취업난을 극복해 모두가 잘사는 나라를 만들 묘안은 활발한 혁신 창업에서 찾을 수 있다. 그러나 현재의 우리나라 산업환경에서는 마냥 창업을 부추길 수도 없다. 창업이 성공으로 이어지기 위해서는 탄탄한 창업 생태계가 구축되어야 하는데, 선진 혁신 국가들과 비교할 때 아직은 미흡한 부분이 많다. 특히 핀란드나 스웨덴 같은 선진 혁신 국가들이 '실패'에 대한 책임을 모두가 함께 나누는 탄탄한 사회안전망이 준비된 데 비해 우리나라는 단 한 번의 실패로도 모든 것을 포기해야 할 만큼 개인에게 모든 책임을 지운다.

창의적 아이디어를 가진 이들이 마음껏 창업에 도전하고, 더 많은 실험을 할 수 있어야 더 많은 성공도 이끌 수 있다. 그러나 우리나라의 청년들은 아귀가 어긋난 수레바퀴처럼 미래를 향한 도전을 포기하거나 전진의 속도를 내지 못한다. 실패가 두려워서다. 실패할 경우 치러야 할 대가가 너무나 크기에 도전하기가 쉽지 않다. 국가의 혁신을 선도할 벤처기업만 하더라도 실패할 경우 빚더미에 앉는 것이 다반사고, 심지어 신용불량자가 되어 사업은커녕 인간으로서 최소한의 삶조차 지켜내지 못하는 상황도 생긴다.

아무리 뛰어난 아이디어가 있어도 그것이 상품화되기 위해선 적지 않은 돈이 필요하다. 미국의 실리콘밸리에 있는 벤처기업들은 대부분 창업이나 상품개발 등에 필요한 자금을 투자 유치를 통해 조달한다. 말 그대로 '투자'이기 때문에 실패하더라도 이 돈은 창업가에게 갚아야 할 빚으로 남겨지지 않는다. 반면 우리나라 벤처기업이나 중소기업은 대부분 은행 등에서 돈을 빌려 자금을 조달한다. 그래서 꼬박꼬박 이자를 내야 하는 데다가 정해진 기한 안에 돈을 갚지 않으면 빚이 또 다른 빚을 부르고, 최악의 경우 신용불량자가 되어 삶이 나락으로 떨어지게 된다.

　정부는 창업을 장려하고 격려하기 이전에 실패에 대비한 사회안전 망부터 탄탄히 구축해주어야 한다. 그래야 더 많은 국민이 꿈을 향해 열정적으로 도전할 수 있고, 실패를 성공에 이르는 과정으로 받아들이며 두려움을 걷어낼 수 있다. 용기 내어 뛰어든 그곳이 천 길 낭떠러지와 맞닿은 곳이라면 실패에 대한 위험은 오롯이 도전자의 몫이 된다. 한 번의 실패로 모든 것이 무너져버린다면 제아무리 좋은 기술과 아이디어가 있어도 창업에 도전하기가 쉽지 않을뿐더러, 실패의 원인을 보완해 재도전하기도 어렵다.

　청년들에게 원대한 꿈을 품으라는 응원보다 더 힘이 되는 것은 그것을 마음껏 펼칠 환경을 만들어주는 것이다. 최선을 다해 도전했는데도 불구하고 만약 실패한다면 그것은 끝이 아닌 다음번 도전을 위한 경험이 되어야 한다. 그러려면 넘어진 그들이 툭툭 털고 일어나 다음 도전을 준비할 수 있도록 정부와 사회가 시스템적인 뒷받침을 해주어야 한다. 즉, 넘어져도 되니 힘껏 뛰어보라고 응원만 할 것이 아니라 실제 도전에서 넘어진 이를 다시 일으켜 세울 준비와 계획이 마련돼 있어야 한다.

가장 크고 위대한 성공은
실패할 수 있는 자유에서 온다

실패 없는 성공이 과연 얼마나 될까? 작은 아이디어 하나가 기술 개발로 이어져 상품이 탄생하고, 대박 신화를 쓰기까지 수많은 시행착오를 겪는 것은 너무나 당연하다. 이런 시행착오의 시간을 인정하기는커녕 한두 번의 실패로 패배자가 되고 낙오자가 되는 사회 분위기 속에서 두려움 없이 꿈에 도전할 사람이 얼마나 될까.

미국의 실리콘밸리가 오늘날 세계적인 혁신 창업의 요람이 될 수 있었던 것은 무엇보다 실패에 관대한 분위기 덕분이다. 최선을 다한 끝에 오는 실패는 다음 도전을 위한 좋은 경험치가 되어 오히려 투자자들에게 긍정적인 평가를 받는다. 그래서 실리콘밸리의 사람들은 실패하더라도 다시 기회가 생긴다는 것에 대해 의심하지 않으며, 과감한 도전을 이어간다.

실패를 성공에 이르기까지의 시행착오 과정으로 바라보는, 실패에 관대한 이들의 문화는 더 많은 도전을 가능하게 하고, 이 도전들은 성공을 낳는 수많은 어머니가 된다. 그래서 이 과정에 참여했던 사람들은 모두 낙오자가 아닌 기여자가 된다. 이런 생태계와 시스템이 미국에 있기에 더 많은 도전이 일어나고, 그만큼 성공의 가능성도 커진다.

모바일 게임 개발사로 유명한 슈퍼셀Supercell은 프로젝트를 수행하다가 실패한 팀에게 샴페인 파티를 열어준다. 이들은 실패를 패배로 여기지 않기에 실패한 팀을 더욱 격려하고, 실패의 과정에서 얻은 경험을 공유하며 성공을 향해 뚜벅뚜벅 나아간다.

슈퍼셀의 창업가이자 CEO인 일카 파나넨Ilkka Paananen은 "실패를 문책하면 인재들이 도전을 꺼리게 돼 혁신이 일어나지 않고 조직이 도태된다"고 경고한다. 프로젝트의 실패보다 더 경계해야 할 것은 인재들이 도전할 의욕을 잃는 것이기에 기업은 문책이 아닌 격려의 박수를 보내는 것이다.

도전, 그리고 그 결과를 어떻게 바라보는가가 기업의 성패를 좌우하듯 사회도 도전을 응원하고 실패를 포용하는 문화가 매우 중요하다. 인간은 태어나 온전한 걸음을 내딛기까지 넘어지고 다시 일어서기를 수없이 반복한다. 그리고 성장한 후에도 꿈을 이루고 성공하기까지 최소 1만 시간의 훈련이 필요하다고 한다. 단 한 번의 시도로 걸음을 걷고 단 한 번의 도전으로 꿈을 이룬다면 더없이 좋겠지만 그런 경우는 거의 없다. 꿈을 이루고 성공한 사람의 대부분은 반복되는 도전과 실패를 훈련이라 여기며 성공을 향해 묵묵히 나아갔다.

달로 향하는 로켓도 정해진 항로로만 가는 게 아니다. 전체 비행시간의 약 90%를 항로에서 이탈한다고 한다. 이탈했던 로켓은 다시 계획된 항로로 돌아오고 또 벗어나길 반복하면서 마침내 달에 이른다. 실패에 가까운 90%의 과정을 지나며 결국 성공에 이르는 것이다. 우리의 삶도 마찬가지다. 꿈을 이루고 성공하는 과정에서 수많은 실패와 좌절을 겪는다. 그러나 포기하지 않고 계속 도전한다면 결국 성공이라는 결과를 얻게 된다.

실패에 관대한 문화는 모두가 서로의 꿈을 응원하고 성공을 돕는 문화를 키워낸다. 나의 실패에 대해 누군가 격려의 박수를 보내고 다시 일어서라고 응원했듯이 나도 타인의 도전에 힘을 보태어주는 것이다. 그 좋은 예로 미국의 '페이 잇 포워드Pay it forward' 문화를 들 수 있다.

"주파수 계수기를 만들려고 하는데 혹시 남는 부품이 있다면 제게 주실 수 있을까요?"

스티브 잡스Steve Jobs는 12살 때 전화번호부에서 휴렛팩커드의 창업자인 빌 휴렛William Hewlett의 번호를 찾아 이와 같은 부탁을 했다. 당돌하다 못해 황당하기까지 한 이 말에 빌 휴렛은 어린 스티브 잡스에게 실제로 부품을 주었을 뿐만 아니라, 그해 여름엔 자신의 회사인 휴렛팩커드에서 일할 기회도 주었다.

20대의 청년이 되었을 때 스티브 잡스는 인텔의 공동 창업자이자 회장인 밥 노이스Robert Noyce를 찾아가 이것저것 조언을 구하기도 했다. 당시 50대 초반이던 밥 노이스는 20대 청년 창업가에게 사업과 관련된 조언을 아끼지 않았다.

어린아이가, 20대의 젊은 청년이 아무런 연고도 없는 기업의 대표를 찾아가 사업적인 조언을 구하고 도움을 청할 수 있었던 것은 미국 사회의 이 '페이 잇 포워드' 문화 덕분이기도 하다. 자신이 누군가에게 받은 도움을 다른 사람에게 다시 나누고 베푸는 이 문화는 미국의 비즈니스 문화에 큰 영향을 미쳤고, 실리콘밸리 벤처기업들의 두려움 없는 도전에도 큰 힘이 되어주었다.

실리콘밸리의 성공한 창업자들은 자신이 받은 도움을 후배 스타트업 창업자들에게 조건 없이 나눠주고, 자신이 경험했던 수많은 실패와 깨달음에 대해 들려준다. 나 역시 누군가에게 그런 조건 없는 나눔을 받아 지금의 성공을 이루었기에 꿈을 향해 도전하는 이들에게 최선을 다해 도움을 주려 하는 것이다.

이렇듯 서로를 응원하고 돕는 창업 문화는 기발한 아이디어를 가진 창의적인 인재들이 실리콘밸리로 모여들게 하는 강력한 에너지가 되었고, 실리콘밸리 혁신 창업의 선순환을 이끌어냈다.

두려움 없는 도전을 응원하는 것은 말이나 마음만으론 충분하지 않다. 실패를 오롯이 도전자의 몫으로만 남겨둔 응원은 오히려 무책임하기까지 하다. 최선을 다한 도전이 실패했을 때 낙오자나 신용불량자가 되는 것이 아닌, 기여자가 되고 경력자가 되는 문화를 만들어야 한다. 실패에서 얻은 경험을 긍정적으로 평가하고 다시 도전할 수 있는 환경을 만들어주는 것이 창업 생태계를 살릴 핵심이다.

2장 ——————————————— 정치, 균형으로
모두의 나라를 열다

정치에 대해 비판하고 열변을 토하는 사람을 볼 때면
노무현 대통령은 항상 이렇게 말했다.

"출마하시죠.
출마해야 세상이 바뀝니다.
우리가 정치인들을 비난하고 외면하면
더 나쁜 정치가 우리 운명을 지배합니다."

우리 스스로가 운명을 바꾸려 하지 않고
힐난하고 안주 삼기만 한다면
그들은 권력의 자리로 가서 우리 인생을 안주 삼을 거라고 했다.

노무현 대통령은 정치가 정치인의 전유물이 아니라고도 했다.

"지도자와 평범한 사람은 큰 차이가 없습니다.
지도자는 결단하고 실천한다는 차이가 있을 뿐입니다."

그는 애초부터 100점짜리 대통령을 꿈꾸지 않았다.

"나는 60점짜리 대통령이 되고 싶습니다.
야당은 적군이 아닙니다.
전 야당에게 총을 줘서라도 60점짜리 대통령이 되고 싶습니다."

'함께 가는 정치'를 주문했던 그에게
한국 정치의 화답은 여전히 옹색하기 그지없다.

운명을 바꾸려면
정치부터 바꿔라

교활하고 사악한 정치인에게 주는 최고의 선물은 무엇일까? 그것은 바로 무관심이다. 특정 집단의 이익을 위하며 한쪽으로 쏠려도 그 누구도 비판하거나 비난하지 않으니 제 하고 싶은 대로 할 수 있다. 그리고 교활하고 사악한 정치인보다 더 나쁜 사람은 바로 정치에 무관심한 사람이다. 그가 포기한 것은 한 사람의 권리가 아니다. '나'의 권리를 포기함으로써 '우리'의 미래도 함부로 내던져버린 것이다.

우리가 사는 세상은 특정한 누군가가 아닌 너와 나, 우리가 함께 만들어간다. 그래서 세상을 올바르고 공정하게 만드는 정치에 우리 모두의 적극적인 관심과 참여가 필요하다. 일상에서 침묵이나 외면이 아닌 당당히 나의 목소리를 낼 때 비로소 누구 하나 소외되지 않는, 모두를 위한 조화롭고 균형 있는 정치가 시작된다. 정치는 내가 관심을 가지고 정성을 들인 만큼 성과를 얻는, 삶의 가장 정직한 거름이다.

플라톤은 "정치를 외면한 가장 큰 대가는 가장 저질스러운 인간들에게 지배당하는 것이다"라고 했다. 그리고 히틀러는 "사람들이 생각을 안 하니 지도자들은 얼마나 운이 좋은가"라고 했다. 이 둘은 전혀 다른 말을 하는 듯하지만 실상 전하고자 하는 것은 한 가지다. 더 나은 삶을 바란다면 정치에 관심을 가지고 적극적으로 참여하라는 것이다. 내가 외면한 나의 권리를 발 벗고 나서서 찾아줄 이는 아무도 없다.

아이러니하게도 삶이 고달프고 팍팍할수록 국민은 정치에 더 냉담해진다. 집권 정당이 바뀌고 대통령이 바뀌어봤자 당장 피부로 느끼는 삶의 질이 나아지기는커녕 오히려 더 나빠지니 기대감은 이내 실망감으로 바뀐다. 게다가 이러한 상황이 반복되면 국민은 정치와 국가에 실망이 커져 아예 기대를 거두고 급기야 관심까지 끊어버리게 된다.

그 실망감이야 충분히 이해하고도 남음이 있다. 그러나 국가에 대한 실망감이 클수록, 내 삶의 고달픔이 커질수록 더욱더 정치에 관심을 가지고 적극적으로 참여해야 한다. '아무것도 하지 않으면 아무 일도 일어나지 않는다'는 말처럼 포기하고 순응하면 현실은 크게 바뀌지 않는다. 더군다나 정치가 나아갈 길을 안내하는 것은 정치인도 아니고 정당도 아닌 바로 국민이다. 국민이 어디로 나아갈지를 제시하지 않으면 결국 정치는 일부 정치인이나 정당을 위한 그들만의 놀이가 된다.

프랑스의 외교관이자 사회 운동가였던 스테판 에셀Stephane Hessel은 그의 저서 《분노하라》에서 부당함과 부조리함 등 참아낼 수 없는 일을 당할 때 최악의 태도는 다름 아닌 '무관심'이라고 지적한다. '내가 뭘 할 수 있겠어? 내 앞가림이나 잘할 수밖에…'라며 외면해버리면 우리는 '분노할 수 있는 힘'을 잃어버리게 되고, 그 결과인 '참여'의 기회를 영영 잃어버리게 된다고 저자는 경고한다.

이 같은 악순환의 고리를 끊는 힘은 생각의 전환에서 나온다. 정치는 누구의 것도 아닌 우리 모두의 것이다. 정치는 어렵고 먼 이야기가 아니라 우리의 삶 그 자체이며, 정치는 정치인만의 것이 아니라 우리 모두의 것이다. 그래서 내 삶을 바꾸고 운명을 바꾸려면 정치부터 바꿔야 한다.

경제협력개발기구의 발표에 의하면 2019년 기준으로 한국의 국내총생산GDP은 OECD 회원국과 주요 신흥국 등 38개국 중 10위로, 전세계 모든 국가를 기준으로 할 때 상위 5%에 해당하는 경제 대국이다. 세계에서 일곱 번째로 1인당 GDP 3만 달러 이상을 달성한 국가이기도 하다. 그러나 그럴듯해 보이는 외형과는 달리 내막을 들여다보면 정말 우리나라가 상위 5%의 경제 대국이 맞는지 의문이 들 때가 많다. 아직도 우리 사회엔 곳곳에서 경제적 고통을 호소하는 사람이 많고, 학자금 대출 등으로 취업도 하기 전에 빚쟁이의 삶부터 시작하는 청년들도 많다. 어디 그뿐인가. 우리나라 노년층의 빈곤율과 자살률은 OECD 회원국 중 압도적인 1위이며, 특히 노인 자살률의 경우 OECD 회원국 평균보다 3배 이상이나 높다. 삶이 녹록지 않고 행복하지 않으니 스스로 생을 마감해서라도 어서 끝내고 싶은 것이다.

부자 나라에 가난한 국민, 불행한 국민이 많다는 것은 정치가 제 역할을 하지 못한다는 의미다. 정치의 본령은 국민의 삶을 편안하고 윤택하게 해주는 데 있다. 가족들과 오붓하게 모여 밥을 먹고 일터에 나가 열심히 땀 흘려 일하는 일상의 삶이 보람차고 행복할 수 있도록 국가가 탄탄한 땅이 되어주고 든든한 울타리가 되어주어야 한다. 그리고 이 과정에서 모두가 균형 있는 발전과 혜택을 맛보아야 한다. 기회가 균등하게 주어지고, 땀 흘려 일한 만큼 보상이 합리적으로 이루어져야 한다.

조금 더 가진 이와 조금 덜 가진 이가 있을지언정 넘치는 이와 부족한 이는 없어야 한다. 그러나 현재 한국은 자산이 부유층에 쏠리는 자산 불평등 현상이 심각하다. 상위 1%에 해당하는 부자들이 국민 전체 자산의 25%가량을 소유하고, 상위 5%가 전체 자산의 50% 가까이 소유하고 있다. 자본주의 경제체제에서 모든 국민이 균등한 자산을 가질 수는 없겠으나 최소한 소수의 사람이 자산을 독식하여 다수의 사람이 고통받게 내버려 둬서는 안 된다.

나는 절망이 깊어진 암울한 우리 사회가 희망으로 가득 찬 밝은 사회가 되기를 바란다. 그 어떤 것도 포기하지 않고, 현재의 삶이 고통이 아닌 기쁨과 행복감으로 가득하기를 희망한다. 나아가 모두가 자신의 꿈을 이루고 성공을 거두기를 바란다. 이러한 바람들은 분명 노력하면 이룰 수 있는 것들이다. 그런데 그 노력을 국민 개개인의 몫으로만 떠넘겨서는 안 된다. 개인의 노력 못지않게 국가의 노력도 필요하다. 국가는 국민이 노력하면 안정된 삶을 영위하고 꿈을 이루고 성공을 거둘 수 있는 탄탄한 밑바탕을 만들어주어야 한다. 그것이 국가와 정치의 역할이다.

어제보다 더 열심히 일하고 더 절약해도 통장의 잔고가 점점 줄고 장바구니도 더 가벼워지는 것은 분명 개인의 노력만으로 바꿀 수 없는, 더 큰 차원의 문제가 존재한다는 의미다. 따라서 삶의 곳곳에서 드러나는 여러 문제를 개인의 노력과 더불어 국가 차원에서 혁신하고 변화하여 개선해나가는 노력이 함께 이뤄져야 한다.

"정치계, 경제계, 지성계의 책임자들과 사회 구성원 전체는 맡은 바 책임을 나 몰라라 해서는 안 되며, 모두가 자기 나름대로 분노의 동기를 가져야 한다"는 스테판 에셀의 말처럼, 국가가 국민을 위하고 정치가 그 본연의 임무에 충실하게 하려면 국민은 삶의 곳곳에서 드러나는 부당함과 부조리함에 끝없이 분노해야 한다.

정치를 정치인들의 전유물로 여기거나 나와는 무관한 남의 일로 여긴다면 결국 그로 인해 피해를 보는 것은 우리 자신이다. 내 삶을 바꾸고 싶다면 목소리를 높이고 적극적으로 필요를 알려야 한다. 핸들을 쥔 사람은 정치 리더일지 모르나 나아가야 할 방향을 결정하고 이끌어주는 것은 국민임을 잊지 말아야 한다.

●

국민이 손해 보지 않는
정치가 필요하다

정치가 나와는 상관없는, 먼 이야기처럼 느껴질지 모르지만 사실 정치는 우리 삶과 매우 밀접하게 관련돼 있다. 밥상 위에 오르는 생선 한 마리의 가격부터 내 가족의 보금자리인 집값까지 정치와 관련되지 않은 것은 아무것도 없다. 내 아이의 교육과 미래 역시 정치와 밀접하게 연결돼 있다. 당장 정부가 시행하는 교육정책에 따라 내 아이가 대학생이 되면서 빚쟁이가 될지 등록금 걱정 없이 공부에만 전념할지가 결정된다. 또 정부의 부동산 정책에 따라 내 집 마련의 꿈이 현실과 더 가까워지기도 하고 영영 멀어지기도 한다.

국민의 삶은 우리 사회의 여러 다양한 법과 제도가 기본 틀이 되고, 우리는 그 안에서 질서를 유지하며 살아가야 한다. 그래서 올바르지 않은 법, 부조리하고 비합리적인 법은 고스란히 국민의 삶에 영향을 미친다. 열심히 노력해도 결코 부유해질 수 없는 불평등하고 불합리한 결과로 이어진다.

평등하고 합리적이며 노력한 만큼 정직한 결과를 돌려받는 공정하고 건강한 사회를 만들기 위해서는 무엇보다 법과 제도가 올바르고 건강하고 합리적이어야 한다. 한 나라를 이끌어가는 큰 기둥과도 같은 법이 올바르고 건강하다면 그 안에서 벌어지는 자잘한 문제들은 어떻게든 해결하고 개선해나갈 수 있다. 그러나 법 자체가 건강하지 못하고 불합리하다면 이후에 벌어지는 여러 문제를 고치고 바로잡는 것은 무척 어려운 일이다.

국가의 주인은 국민이며 국민을 위한, 국민에 의한 정치를 해야 한다고 모두가 말하지만 정작 대한민국의 정치에서 국민은 소외되어 있었다. 한 나라의 근간이 되는 법 제정은 물론이고 국민의 삶과 관련된 다양한 정책의 결정 과정에서 지금껏 얼마나 국민의 목소리가 반영되었는가를 살펴보면 '국민이 빠진 국민을 위한 정치'의 모순을 잘 알 수 있다.

그뿐만이 아니다. 총선과 대선, 지방선거와 보궐선거 등 정치 리더를 선출하는 각종 선거유세에서 후보자들은 너나없이 국민을 최고로 여기며 걱정하고 위하는 듯한 모습을 보인다. 그래서 매번 국민은 이번엔 정말 국민을 최우선으로 생각하는 진정한 정치 리더가 나오리라 기대하고 희망을 품어본다. 그런데 현실은 어떤가. 선거만 끝나면 국민은 일순간 정치에서 소외된다.

"국민은 선거 때만 왕이 되었다가 선거가 끝나면 다시 노예로 전락한다"고 한 장 자크 루소의 말은 정치의 민낯을 고스란히 보여준다. 선거 때는 표를 얻기 위해 국민에게 큰절까지 하며 온갖 달콤한 말을 늘어놓다가 막상 당선되면 언제 그랬냐는 듯이 태도가 달라진다. 뻣뻣하게 목에 힘이 들어가는 것은 둘째치고 자신이 공약으로 내세운 정책조차 뒷전이 된다. 약속을 지키지 않아도 아무도 책임을 묻지 않으니 공약을 지키느라 힘을 쏟기보단 다음 선거에서 당선되기 위한 인기 관리에 열중한다.

물론 모든 정치인이 그런 것은 아니다. 그러나 단 한 명의 정치인이라도 이 같은 태도로 정치를 한다면 그를 믿고 표를 주었던 국민은 진심을 농락당한 셈이 되고, 더 나은 삶을 살 기회도 저만치 멀어지게 된다. 그래서 정치에는 국민이 손해 보지 않도록 하는 강력한 장치가 필요하다. 달콤한 거짓말로 국민을 현혹하지 못하도록 하려면 우선 후보자들이 자신의 공약에 책임을 지도록 해야 한다. 그들이 표를 얻기 위해 내세운 공약을 미리 법으로 통과시켜 당선 이후에 딴소리하거나 모른 척할 수 없도록 강제하는 것이다. 여당과 야당의 후보가 공통으로 내건 공약의 경우 다수의 국민이 원하는, 현재 꼭 필요한 사안일 경우가 많다. 따라서 선거 전에 이런 공통된 공약을 법으로 통과시켜두면 어느 당이 집권하든 그것을 지킬 수밖에 없기에 국민은 손해 볼 일이 없다. 집권 정당이 바뀌고 대통령이 바뀔 때마다 우리의 정치는 변화가 너무 심하다. 기존에 중요하게 생각하고 추진해오던 것들이 무시되고 없어지거나 심지어는 전혀 새로운 방향의 정책이 나오기도 한다. 그 사이에서 혼란을 입고 피해를 보는 것은 결국 국민이었다.

그런데 앞서 말한 강제 장치가 있으면 후보자들은 자신이 지킬 수 있는 공약만 내놓을 것이며, 당선 이후엔 자신의 공약을 지키기 위해 최선을 다할 것이다. 게다가 같은 공약을 제안한 야당의 후보와도 자연스레 아이디어를 나누고 힘을 모으며 연정의 파트너가 될 수 있으니 진정한 의미의 협치가 가능해진다. 또한 여당과 야당이 해당 정책의 큰 틀에는 합의했으나 세부적인 중요한 부분에 대해 의견이 다를 경우엔 총선에 앞서 국민투표를 실시하여 국민의 의견을 물으면 된다. 이렇듯 모든 문제는 방법을 찾으면 그것을 해결할 길이 보인다.

국민이 손해 보지 않는 정치를 위한 두 번째 제안은 직접 민주주의와의 접목이다. 국가의 모든 법과 정책은 국민의 삶과 직결된 중요한 것들임에도 정작 그 결정 과정에선 국민은 소외당하기 일쑤다. 정책을 결정할 때마다 일일이 국민에게 물을 수 없으니 국민의 대표인 국회의원을 뽑아 그들이 대신 정치를 하도록 한 것인데, 과거에는 이것이 유용한 방법이었지만 디지털 기술이 급격하게 발달하고 있는 요즘에는 국민이 정책을 제안하거나 정책 결정에 직접 투표를 하는 등 정치에 참여할 방법을 얼마든지 찾을 수 있다. 따라서 입법청원, 국민투표 등 직접 민주주의 요소를 적극적으로 활용함으로써 국민의 정치 참여 기회를 더욱 확대해야 한다. 그렇게 해야 국민이 주인이 되는, 국민이 손해 보지 않는 정치가 가능하다.

이와 관련한 한 가지 유용한 제안은, 이른바 국민 신문고 제도와도 같은 '국회 입법청원 플랫폼'을 만드는 것이다. 현재 청와대 홈페이지에는 청원 게시판이 있고 글도 많이 올라오지만, 정책적인 제안은 그리 많지 않다. 국민의 청원이 단순히 억울함을 호소하거나 분노하는 것에 그치지 않고 실제로 법을 바꾸는 단계까지 가야 한다. 국민의 강렬한 열망이 있으면 그것을 법과 제도로 만들어서 시스템으로 정착시켜야 우리의 삶이 더 나은 방향으로 발전한다. 그런데 국민의 삶 곳곳에서 생겨나는 다양한 형태의 열망들을 300명의 국회의원이 모두 알아내고 정책으로 만들고 입법화하기는 불가능하다. 그래서 국회 입법청원 플랫폼을 만들면 모든 국민은 자신이 희망하는 정책을 마음껏 제안할 수 있다. 또 현재의 청와대 청원 게시판은 20만 명 이상의 국민이 동의하면 정부가 그 청원에 답하는 것으로 돼 있다. 그런데 답변을 하는 것에서 그칠 것이 아니라 다음 단계로 진화하도록 시스템을 만들어야 한다. 즉, A라는 입법청원이 일정 수 이상의 국민 동의를 받으면 다음 단계로 넘어가서 입법공청회를 열고, 공청회에서 통과되면 또 그다음 단계로 넘어가서 실질적인 법 제도로 만들어지게 하는 것이다. 이때 A라는 입법청원이 현재 어느 단계까지 진행되었는지 모든 국민에게 투명하게 공개한다면 정책의 입법화 과정도 더욱 속도를 낼 수 있다.

이 외에도 국민의 뜻이 정치로 직접 연결되게 하는 방법은 얼마든지 찾을 수 있다. 예를 들면 사이버 보좌관 제도를 통해 국민으로부터 좋은 정책을 제안받고, 그 정책을 국회가 실제로 도입하면 비용을 지불하거나 채용할 때 가산점을 주는 등 정책 제안에 적절한 보상을 하는 것도 매우 유용하다. 디지털 기술의 발달로 온라인을 통한 정치 참여가 어렵지 않은 만큼 웹이라는 온라인 세상을 적극적으로 활용해야 한다. 국민이 원하는 것들이 모두 촘촘한 거미줄에 걸리게 해 모든 국민을 국회와 연결하고, 정치와 연결해야 한다. 그래야 진정한 국민의 정치가 열린다.

●

정치, 진영을 떠나
생존의 문제

'소소하지만 확실한 행복'이란 의미의 소확행小確幸. 작은 것에 만족하는 삶은 아름답지만 작은 것에만 만족하는 삶은 서글프다. 소확행을 추구한다는 것은 어쩌면 현재의 삶이 충분히 행복하지 않다는 의미일지도 모른다. 그러니 큰 행복을 바라지 말며 그나마 소소한 행복에라도 만족하며 살자는, 일종의 체념인 셈이다.

소확행이란 용어를 처음 사용한 작가 무라카미 하루키는 그의 에세이집《랑겔한스섬의 오후》에서 '갓 구운 빵을 손으로 찢어 먹는 것, 서랍 안에 반듯하게 접은 속옷이 잔뜩 있는 것, 새로 산 하얀 셔츠를 입는 것'에서 소소하지만 확실한 행복을 느낀다고 했다. 그런데 우리가 바라는 행복이 정말 그러한 것들일까? 오히려 갓 구운 빵을 손으로 찢어 먹지 않아도 좋으니, 서랍 안에 반듯하게 접은 속옷이 잔뜩 있지 않아도 좋으니 당장 내 가족과 편안히 살 작은 집 한 채라도 있었으면 좋겠고, 안정적으로 봉급이 들어오는 직장이 있었으면 좋겠고, 늘어난 수명을 걱정하지 않게 차곡차곡 노후 준비를 할 수 있는 희망이 보이는 삶이기를 바란다.

불안과 두려움에 휩싸이지 않아도 되는 삶. 그것은 열심히 일하고 자신의 삶에 충실한 모든 이가 누려야 하는 가장 기본적인 행복감이고, 그것을 충족시켜주기 위해 노력하는 것이 정치 리더의 소임이다.

2019년, 취업 포털 사람인에서 직장인 1,455명을 대상으로 '현재의 삶이 행복하다고 느끼는지'에 관한 설문조사를 했다. 그 결과 응답자의 52.4%가 '나는 행복하지 않다'고 답했다. 특히 전체 응답자 중 20대의 57.1%, 30대의 54.5%가 자신이 불행하다고 생각했다. 그리고 직장인들이 불행하다고 느끼는 데는 다름 아닌 '돈'이 그 주된 원인으로 작용했다. 응답자의 51.2%(복수 응답)가 '경제적으로 어려워서' 불행하다고 답했으며, 응답자의 73.5%(복수 응답)가 행복을 위해 필요한 것으로 '경제적 여유'를 꼽았다.

　　물론 돈이 있다고 모두가 행복한 것은 아니다. 그러나 의식주가 안정적으로 충족되어야지만 다음 단계의 행복도 꿈꿀 수 있다. 국가는 배가 고픈 국민에게 '그럼에도 희망을 가지고 열정적으로 살라'는 구호가 아닌, 당장의 배고픔부터 면하게 해주어야 한다. 국민이 희망을 품고 열정적으로 살 수 있도록 방법을 찾아주고 길을 열어주어야 한다.

　　삶이 팍팍하고 맞벌이가 필수인 시대가 되니 결혼을 포기하거나, 결혼하더라도 자녀를 낳지 않는 부부들이 늘고 있다. 그 결과 출산율이 낮아지고 경제활동인구 또한 점점 줄어들고 있다. 게다가 평균수명의 연장으로 노령층이 급격하게 늘어나는 상황에서 정부의 복지정책은 한계가 있을뿐더러, 복지정책만으로 해결해서도 안 된다. '물고기 한 마리를 잡아주면 하루를 살 수 있지만 물고기 잡는 방법을 가르쳐주면 일생을 먹고 살 수 있다'는 유대인의 격언처럼, 근원적인 해결이 가능하도록 길을 열어주고 이끌어주어야 한다. 더군다나 인공지능과 로

봇의 발달로 인간의 일자리가 점점 줄어드는 상황에서 인간만이 할 수 있는 경제활동의 영역을 새롭게 확보하지 못하면 국가 전체가 위기 상황을 맞게 될지도 모른다.

2016년, 제46차 세계경제포럼은 '4차 산업혁명에 따른 미래 일자리 변화 전망' 보고서에서 2020년까지 세계에서 717만 개의 일자리가 사라지고 210만 개의 새로운 일자리가 생겨날 것으로 전망했다. 또 지난 2018년에 LG경제연구원은 '인공지능에 의한 일자리 위험 진단' 보고서에서 우리나라 전체 일자리의 절반 가까이(43%)가 인공지능으로 대체될 가능성이 큰 고위험군이라고 지적했다.

이처럼 이전과는 완전히 다른, 전혀 새로운 위기 상황에 직면해 있음에도 정부의 대처는 더디기만 하다. 4년 전 예상했던 미래는 이미 현재가 되었고, 사회 곳곳에서 인공지능이 인간을 대체하는 현상이 벌어지고 있다. 그리고 당장 5년 뒤, 10년 뒤에 펼쳐질 미래는 이전보다 훨씬 더 혁신적으로 변화할 것이다. 변화된 미래가 유토피아가 될지 디스토피아가 될지는 우리의 선택과 노력에 달렸다지만, 이러한 선택과 노력 또한 정부의 정책과 시스템이 뒷받침되어야지만 비로소 힘을 발휘할 수 있다.

공멸의 위기이자 도약의 기회일 수 있는 변화의 물결 앞에서 산업화냐 민주화냐, 보수냐 진보냐와 같은 진영의 논리는 더이상 의미가 없다. 당장 국민이 필요로 하는 것은 삶의 안정과 평온이다. 계약 기간 만

료와 보증금 인상에 떠밀려 여기저기 이사를 다니지 않아도 되고, 학비 걱정 없이 자녀들을 교육하고, 언제 해고될지 모른다는 불안감에서 벗어난 안정된 삶을 바란다. 또한 60세에 정년퇴직하면 100세까지 40년간 뭘 먹고 살아야 하느냐는 걱정을 하지 않아도 되는, 미래를 준비할 수 있는 삶을 원한다. 이는 진영의 논리로 결코 해결할 수 없는, 생존의 문제다. 이제 대한민국의 정치는 '생존'이라는 삶의 본질적인 문제에 천착할 때가 왔다.

●

모두를 위한 대통합의 정치가 필요하다

"정치, 속 시끄럽잖아요."

정치는 남의 일이 아닌 내 일임에도 적지 않은 사람들이 정치를 혐오하고 외면한다. 속 시끄럽기 때문이란다. 그런데 정치란 원래 시끄러운 것이다. 서로 다른 목소리를 내는 사람들이 있으니 귀가 시끄럽고, 그 모든 소리를 조화롭고 균형 있게 담아야 하니 속도 시끄럽다. 정치가 시끄럽지 않으려면 모두가 하나의 목소리를 내며 한 곳을 향해 나아가면 된다. 그런데 과연 그것이 올바른 정치일까. 나의 생각과 너의 생각이 과연 아무런 저항 없이 100% 일치할 수 있을까.

저항이 없는 정권은 독재와 다를 바 없다. 국민은 태극기를 휘날리고 촛불을 밝히며 정부에 그들의 뜻을 전한다. 그리고 때론 서로 다른 목소리로 저항하기도 한다. 저항은 결코 분열이 아니다. 건강하고 올바르게 극복하여 더 나은 사회로 발전하기 위한 단계일 뿐이다.

나는 진영을 달리하는 광화문과 서초동의 촛불집회 또한 분열로만 보지 않는다. 어둠이 깊어야 새벽이 온다는 말처럼 오히려 새로운 희망의 전조이자, 변화를 갈망하는 강한 의지로 본다. 정치가 자신들의 필요와 바람을 제대로 해결해주지 않으니 국민이 뭉쳐서 목소리를 높이는 것이다. 게다가 갈등이 크다는 것은 그것을 새로운 에너지로 전환할 가능성 또한 크다는 의미다. 비록 진영이 나뉘어 각자의 목소리를 내고 있지만 결국 이 또한 국가와 정치에 대한 국민의 관심이며, 새로운 정치를 요구하는 에너지가 생성되는 과정으로 볼 수 있다.

국민이 정치에 불만이 많고 저항이 거세다는 것은 그만큼 그들의 삶이 편안하지 않다는 증거다. 삶이 편안하고 만족스러우면 정치에 이렇다 할 불만도 없을뿐더러 별달리 관심도 생기지 않는다. 살기가 편하고 근심이 없는데 굳이 정부의 문제점들을 찾아내 저항의 목소리를 높일 이유는 없다. 하지만 현실은 녹록지 않다. 당장 눈앞의 삶도 고달프지만 다가올 미래는 더 걱정이다. 의학기술의 발달로 평균수명이 100세인 시대가 되어 원하든 원치 않든 40년에 가까운 긴 노년을 보내야 한다. 그런데 노후 40년을 돈 걱정 없이 살 만큼 준비해두고 은퇴를 맞는 사람이 얼마나 될까.

취업난과 고용불안 속에서 천정부지로 치솟는 생활비와 자녀교육비 등을 충당하고 나면 은퇴 시점엔 내 집 한 채 가지기도 힘든 실정이다. 이런 미래에 대한 불안감은 두려움으로 이어지고, 두려움은 다시 현재에 대한 저항을 통해 새로운 희망을 찾으려는 갈망으로 이어진다.

10여 년 전, 우리나라의 국회의원들이 독일에 갔을 때의 일이다. 보수정당의 의원들은 근로자가 이사로 참여한 독일 기업의 이사회를 둘러본 후 "이 나라는 사회주의 국가가 아니냐"며 경악을 금치 못했다고 한다.

근로자가 이사의 자격으로 이사회에 참석하여 발언하고 의결권을 행사하는 '근로자 이사제(노동이사회)'는 독일 외에도 스웨덴, 프랑스, 덴마크 등 유럽의 19개국에서 이미 보편적으로 실시하는 제도다.

'보수 아니면 진보', '민주주의 아니면 사회주의' 같은 이분법적인 잣대로만 바라본다면 경영자와 근로자는 서로의 이익을 주장하는 대립 관계일 수 있다. 그래서 우리나라 일부 정치인의 시각처럼 '근로자 이사제'는 사회주의 국가에서나 있을법한 제도로 여겨질 수 있다. 그러나 기업의 생존이라는 근원적인 문제로 바라볼 때 경영자와 근로자는 운명을 같이하는 최고의 동반자다.

디지털 산업혁명으로 인한 변화의 물결은 우리나라뿐만 아니라 인류 전체에게 '생존'이라는 근원적인 고민을 던져주었다. 생존의 길을 찾고, 번영을 이룩할 기회를 찾는 것이 새로운 과제로 주어진 상황에서 정치 역시 보수와 진보를 고집하는 대립 구조를 버리고 대통합과 대타협의 길로 나아가야 한다.

에이브러햄 링컨 미국 전 대통령은 "분열된 집은 지속될 수 없다"고 했다. 대통령에 당선된 후 그는 대선 예비선거에서 경쟁했던 후보들, 그리고 자신의 정당인 공화당과 반대 진영인 민주당 출신의 의원을 장관으로 기용하는 등 진영과 무관하게 인재를 등용했다. 통합과 관용을 통해 미국의 위기를 극복하고 발전을 꾀하기 위해서였다.

이념과 진영을 뛰어넘는 대통합의 정치를 통해 국가의 번영을 이룬 사례는 많다. 싱가포르는 정치적 개념으로는 사회주의 국가이지만 경제적 개념으로는 자본주의 국가다. 미래 가치가 있는 자기 집, 교육, 의료는 반드시 국가가 정책을 통해 준비하고 보장해준다. 그리고 그 외의 것들은 자본주의의 경쟁체제를 따른다. 자본주의 방식과 경제학 논리를 활용해서 사회주의적 목적을 달성하는 것이다.

이스라엘 역시 사회주의 방식의 공동체 조직인 키부츠kibbutz와 자본주의 방식의 공동체 조직인 모샤브Moshav가 공존한다. 모샤브는 생산과 판매, 분배와 소유를 공동으로 하는 키부츠의 단점을 보완하기 위해 만들어진 조직으로, 사유재산을 인정하고 개인의 이익을 추구할 수 있는 집단농장이다. 세계적인 농업 선진국인 이스라엘에서 이 두 조직은 국가 농업생산량의 약 80% 이상을 담당한다.

정치적으로 완전히 상반된 이념의 조직이 한 나라에 공존할 수 있는 이유는 바로 '생존'이라는 본질을 중요하게 생각하기 때문이다. 이스라엘은 전 세계를 떠돌던 유대인들이 돌아와 세운 국가인 만큼 어떻게든 살아남아야 한다는 '생존'이 최고의 과제였다. 그 결과 생존과 번영을 위해서라면 정치적 이념을 대립이 아닌 균형을 통한 보완의 시각으로 바라볼 필요가 있었다.

앞선 국가들의 사례에서도 알 수 있듯이, 국가의 번영과 국민의 행복하고 평안한 삶을 위해서 정치는 충분히 유연해야 한다. 그래야만 최선의 정책을 만들 수 있다. 이념의 틀에 갇히고 진영의 논리에 매몰되어서는 최선의 답을 찾는 혜안을 갖지 못한다. 흑이냐 백이냐의 양분법적인 사고가 아닌 흑과 백의 중간 그 어디에선가 최선의 균형점이 보이면 그것을 정책으로 만들 수 있도록, 정책의 스펙트럼을 넓혀야 한다.

물론 우리나라의 경우, 전쟁으로 폐허가 된 국토를 다시 생존의 터전으로 일구던 산업화 시기에는 보수의 담론이 성공적이었다. 그리고 이후 국민 삶의 질적인 수준 향상과 민주화를 정착시키던 성장의 시기에는 진보의 담론이 성공적이었다. 그러나 현재는 산업화의 보수와 민주화의 진보가 더이상 유용하지 않다. 새로운 시대에 주어진 새로운 문제를 해결하기 위해서는 새로운 보수, 새로운 진보가 필요하다.

보수든 진보든 정치는 결국엔 국가와 국민을 위한다는 공통의 목표를 가지고 있다. 그렇기 때문에 필요에 따라 뜻을 같이하며 협치하는 열린 보수, 열린 진보여야 한다. 더는 양극단의 진영 대결은 의미가 없다. 양극단을 배제하고 중간이 건강해져야 한다. 여야가 협치와 연정을 통해 오랜 분열의 시대를 끝내야 한다. 독일에서, 혁신을 바탕으로 기술력과 품질이 최고인 제품을 생산하는 '히든 챔피언*'이 생긴 것도 연정의 힘 덕분이다. 심지어 이스라엘은 20여 개 정당이 난립하는데도 연정을 통해 국가의 발전과 국민의 평온과 행복을 돕는 데 주력한다.

보수와 진보, 여당과 야당이 권력을 놓고 싸움만 하다가는 그들 본연의 과업인 정치를 등한시하게 된다. 더 나은 세상을 바라며 국민의 대표로 뽑아놓은 그들이 모두를 위한 정치가 아닌 특정 세력이나 정당을 위한 권력 다툼을 벌인다면 발전은커녕 더 퇴보한 세상을 맞닥뜨리게 될 것이다. 더군다나 기술의 혁명적 발달로 새롭게 펼쳐질 디지털 세상은 자칫 모두를 공멸로 몰아갈 위험까지 있다. 그러니 더더욱 네 편과 내 편이 아닌 우리 모두를 위한 대통합의 정치를 열어야 한다.

●

나의 한 표가
결국 모두의 표

누군가는 '그 나물에 그 밥'이라며 정치를 욕하고 혐오하기도 하지만 정작 정치만큼 정직한 것이 또 있을까 싶다. 콩 심은 데 콩이 나고, 팥 심은 데 팥이 나듯이 정치는 뿌리는 것과 거두는 것이 분명하고 정확

---

* 히든 챔피언(Hidden Champion) : 대중에게 잘 알려져 있지 않지만 각 분야의 세계시장을 지배하는 우량 기업을 기리키는 말이다.

하다. 올바르고 공정한 사람을 정치 리더로 뽑으면 반듯한 정치가 나오고, 이기적이고 탐욕스러운 사람을 정치 리더로 뽑으면 특정 집단의 이익만을 챙기는 기울어진 정치가 나온다. 그래서 정치 리더를 잘 뽑는 것이 중요하다.

국가의 주인은 누구일까? 너무나 분명한 답을 가진 질문임에도 여전히 답과 현실이 동떨어진 듯한 느낌을 지울 수가 없다. 국가의 주인은 정치인이나 재벌이 아닌 너와 나, 우리 모두임에도 우리는 그 사실을 종종 잊고 지낸다. 나 하나쯤 빠지는 것이야 뭐 어떨까 하는 안일한 생각에, 혹은 나의 목소리와 생각이 정책에 반영되는 길이 너무 멀게 느껴지기에, 나를 대신해 목소리를 내어줄 정치 리더를 뽑는 선거에서조차 아무렇지 않게 권리를 내려놓기도 한다.

지난 2000년 이후로 현재에 이르기까지, 총 여섯 번의 국회의원 총선에서 투표율이 60%를 넘지 못하는 경우가 대부분이었다. 정치에 대한 무관심, 혐오, 외면 등 다양한 이유로 10명 중 3~4명이 주인의 권리를 포기하는 안타까운 상황이 벌어진 것이다. 근래에 치러진 21대 총선의 투표율이 66.2%로 그나마 가장 높은 편이었는데, 코로나19 사태에도 불구하고 이전보다 투표율이 높았다는 점에서 다소 위안이 되기도 한다.

'나 하나쯤이야'라며 소중한 한 표를 쓸모없는 휴지 조각으로 만들어서는 안 된다. 나의 힘은 생각보다 크다. 미국의 제3대 대통령이었던 토머스 제퍼슨, 제6대 대통령이었던 존 퀸시 아담스는 단 한 표 차이로 대통령이 되었고, 아돌프 히틀러 역시 단 한 표 차이로 나치당의 총수가 되었다. 그리고 영국의 찰스 1세는 68:67, 프랑스의 루이 16세의 왕비 마리 앙투아네트는 361:360이라는 단 한 표의 차이로 형장의 이슬이 되어 사라졌다. 이 외에도 단 한 사람의 표로 개인과 국가의 운명이 갈린 일은 수도 없이 많다. 그 결정적 한 표가 바로 나의 표이기에 결코 함부로 포기해서는 안 된다.

나의 한 표는 결국 모두의 표와 같은 힘을 갖기에 나를 대신해 목소리를 내어줄 정치 리더를 뽑는 일에도 신중해야 한다. CEO의 힘만큼 회사가 성장하듯이, 국가는 정치 리더의 힘만큼 성장한다. 조직은 리더의 시야, 리더의 역량, 리더의 리더십만큼 성장한다. 구성원들이 제아무리 똑똑하고 열정적이어도 중요한 결정권을 쥔 CEO가 잘못된 결정을 하면 기업이 몰락하는 것은 한순간이다. 국가도 마찬가지다. 국민이 국가를 위해 올바르게 뜻을 모으고 목소리를 높여도 정치 리더가 귀 막고 눈 감은 채 대세를 외면하거나 잘못된 결정을 한다면 그 나라의 미래 또한 암울해진다.

국민을 위한, 국민에 의한 정치임은 분명하지만 그럼에도 핸들을 쥐고 모두를 이끌고 가는 이는 결국 정치 리더다. 역사상 정치가 훌륭한 나라 치고 훌륭한 정치 지도자가 없었던 나라가 없다. 1965년에 독립한 싱가포르는 리콴유李光耀(1923~2015) 총리의 리더십 하에 아시아의 네 마리 용 중 가장 먼저 1인당 GDP 6만 달러에 도달했다. 리콴유 총리는 사회주의적인 목표에 자본주의 방식을 도입해서 싱가포르를 일대 선진국으로 만들어냈다. 사막 한가운데에 세워진 이스라엘은 시몬 페레스Shimon Peres(1923~2016) 대통령이 나라를 부강하게 만든 주역이었다. 사회주의 국가인 이스라엘은 자본주의 국가로 대전환을 이루면서 전 세계 벤처의 메카로 떠오르게 되었다.

이렇듯 훌륭한 지도자를 뽑는 것도 중요하지만 그보다 더 중요한 것은 나쁜 지도자를 뽑지 않는 것이다. 미국의 정치가 프랭클린 P. 애덤스Franklin Pierce Adams는 "선거는 특정 후보를 뽑기 위해서가 아니라 특정 후보를 뽑지 않기 위해 투표하는 것이다"라고 했다. 정치가 '그 나물에 그 밥' 같고, 정녕 뽑을 사람이 없더라도 나의 소중한 한 표를 버려서는 안 된다. 정치 리더로서 한 치의 허점도 없는 완벽한 사람이 있다면 더 없이 좋겠지만 그런 경우는 불가능에 가깝다. 그래서 우리는 더 나은 사람, 덜 나쁜 사람을 뽑음으로써 최악을 가려내야 한다.

'대통령이 임무를 수행하는 5년이란 기간은 나라를 부강하게 만들기에는 짧은 시간이지만 한 나라를 어지럽히고 망치기에는 충분한 시간이다'라는 말이 있다. 농담처럼 떠도는 말이지만 깊은 의미를 내포한 말이기에 새겨들을 필요가 있다. 한 나라의 지도자가 되어 나라를 부흥시키기는 쉽지 않지만 망하게 하기는 정말 쉽다. 집 청소를 생각해보라. 구석구석 쓸고 닦고 정리하며 집을 깨끗하게 하는 데는 많은 시간과 공력이 들어간다. 그러나 집안을 어지럽히는 것은 순식간이다. 그만큼 무언가를 잘하기는 어렵지만 잘못하는 것은 일순간이다.

싱가포르와 이스라엘처럼 똑똑하고 현명한 최고 정치 리더가 국가를 부강하게 만든 사례보다 실제는 그 반대 사례가 더 많다. 과거 필리핀은 아시아에서 가장 빠르게 부강해진 국가 중 하나로 우리나라보다 경제력이나 기술력이 모두 앞선, 잘사는 나라였다. 그러나 1960년대 중반 필리핀의 마르코스 대통령과 그 뒤를 이은 리더들의 그릇된 리더십이 결국 필리핀 국민을 가난으로 몰고 갔다.

리더가 나아가야 할 때 나아가지 못하고 멈춰야 할 때 멈추지 못하며, 방향과 속도를 제대로 판단하지 못하면 결국 함께하는 이들 모두가 파국을 맞게 된다. 잘못된 판단과 정책으로 위기를 불러오고, 나라를 부강하게 하고 국민을 풍요롭게 할 기회를 알아보지 못하고 놓친다면 이는 임기 5년의 불행으로만 끝나지 않는다. 이후 이어질 국가의 미래가 빛이 아닌 어둠을, 희망이 아닌 절망을 향해 나아갈 위험이 크다.

정치 리더에게 주어진 책임만큼이나 리더를 뽑는 우리 개개인의 책임도 무겁고 중요하다. 특히 정치가 균형을 찾아 모두의 정치가 되게 하기 위해서는 단 한 명도 빠짐없이 모두의 목소리가 모여야 한다. 내가 목소리를 내지 않으면 결코 정치는 나를 위해 움직여주지 않는다. 내가 외면해버린 주인의 권리는 다른 이를 위해 정치를 움직이게 하고, 결국 정치가 균형을 잃어 불평등과 혼란을 야기할 수 있다. 바른 정치란 나의 목소리와 너의 목소리가 모여 더 나은 길을 찾아가는 것이기에 모두가 자신의 목소리를 내는 것에 주저해서는 안 된다.

정치인, 객관적으로 평가하고
체계적으로 육성하라

한국은 국민이 강하고 지도자가 약한 나라다. 국민은 전국 각지와 산업의 각 분야에서 일하며 개선점을 찾고 나아갈 방향을 모색한다. 심지어 국가의 최고 정치 리더가 그릇된 모습을 보일 때는 그를 자리에서 끌어내릴 만큼 강력하게 힘과 목소리를 모으기도 한다. 반면 지도자는 자신이 옳다고 생각하는 것을 과감히 정책에 반영하기가 쉽지 않다. 오죽하면 우리나라는 대통령만 되면 힘이 빠진다는 말이 다 있을까.

대통령 개인의 역량이 부족한 탓도 있겠지만 무엇보다 진보니 보수니, 야당이니 여당이니 하며 정치 리더들이 분열한 것도 큰 원인이다. 한국의 정치 리더들은 서로 비판만 하지 정작 나라가 어느 방향으로 나아가야 할지에 대한 구체적인 설계도를 만들지 못하고 있다. 또한 좋은 아이디어가 나와도 그것을 지원하고 함께 끌어갈 인재도 부족하다. 더군다나 디지털 혁명으로 인해 산업의 국가 간 경계가 무너지고 있는 상황에서 세계적인 시선으로 큰 그림을 그리고 구체적인 계획을 세워나갈 역량도 부족하다. 때문에 외교나 교육, 경제, 기술, 안보 등 당장 미래를 내다보며 혁신해야 하는 사회 전반의 모든 분야에서 우리나라가 내딛는 걸음은 더디기만 하다.

한국은 3년간의 민족 전쟁으로 국토가 초토화되고 불과 70년도 지나지 않은 짧은 기간에 산업화와 민주화를 이루어낸 위대한 국가다. 이런 훌륭하고 위대한 저력을 가진 국가가 시스템과 정책이 뒤처져 아시아의 중핵국가, 나아가 세계의 중핵국가가 될 기회를 놓치고 있다는 사실이 너무나 안타깝다. 이와 더불어 경제성장에 따른 혜택을 모두가 골고루 누리지 못한다는 사실도 간과하면 안 된다. 아직도 우리 사회의 곳곳에는 어둡고 척박한 음지가 존재하며, 그곳의 사람들은 그 누구보다도 정부와 정치 리더들이 기민하고 현명하게 이끌어주기를 절실히 바라고 있다.

모두에게 이로운 정치, 모두가 손해 보지 않는 정치를 하는 것이 정치 리더의 진정한 소임이다. 그런데 이는 혼자만의 의지나 열정으로 이루기가 쉽지 않다. 노무현 대통령의 재임 시절을 돌이켜보면 리더 개인은 국가와 국민을 위해 열정과 헌신을 다 바쳤다고 해도 과언이 아니다. 그러나 당시 그가 구상하고 꿈꾸었던 만큼의 국가 발전과 국민의 평온을 이뤄내지 못한 것도 사실이다.

정치는 정치 리더의 자질과 능력도 중요하지만, 그에 못지않게 훌륭한 정책과 인재도 중요하다. 국가를 부강하게 만들고 국민의 삶을 풍요롭고 행복하게 만들 정책과 시스템, 그리고 국가의 미래를 설계하고 그것을 현실에서 구현해낼 인재가 함께 준비돼 있어야 한다. 그래야지만 훌륭한 정책이 힘을 유지하며 위대한 성과로 이어질 수 있다.

기업은 이미 한 명의 우수한 인재가 천 명, 만 명의 직원을 먹여 살리는 시대가 됐다. 제너럴일렉트릭^{GE}의 회장이었던 잭 웰치^{Jack Welch}는 재임 시절 본인 시간의 70%를 유능한 핵심 인재를 찾는 데 쏟았다. 마이크로소프트^{MS}의 창업자인 빌 게이츠^{Bill Gates}는 역량 있는 인재가 면접을 볼 수 있도록 자신의 전용 헬기를 보내기도 했다. 그런데 인재의 중요성은 비단 기업에만 해당하는 이야기가 아니다. 국가는 더더욱 유능하고 훌륭한 인재를 필요로 한다. 한 국가의 정치^{政治}가 진정으로 올바른 정치^{正治}가 되려면 똑똑하고 훌륭한 인재들을 많이 등용해야 하며, 이를 위해서는 역량 있는 정치 리더를 양성하는 싱크탱크와 정치 리더의 역량을 객관적으로 평가하는 시스템이 필수적이다.

먼저 싱크탱크의 경우, 타 분야와 마찬가지로 인재 양성 시스템으로서 정치에 반드시 필요하다. 리더의 역량 중에는 품성과 같이 타고난 부분도 있겠지만 대부분은 훈련과 학습, 경험과 통찰을 통해 후천적으로 길러지는 것들이기 때문이다.

국가 차원에서 정치 리더를 양성하는 시스템을 갖춘 대표적인 나라로 미국과 중국, 싱가포르 등을 들 수 있다. 싱가포르는 전문적인 교육과 철저한 평가과정을 거쳐 정치 리더를 뽑는 것으로 유명하다. 싱가포르 건국의 아버지로 불리는 리콴유 총리 이후 꾸준히 장기집권하고 있는 인민행동당^{PAP; People's Action Party}은 당원 수가 1만 명 정도에 불과하지만 오랜 기간 정치뿐 아니라 언론계와 경제계에 막강한 영향력을 행사해왔다. 리콴유 총리는 싱가포르가 영국에서 독립한 초창기부터 중앙정부의 주도하에 인재를 적재적소에 배치하는 효율적인 인사정책을 추구해왔다. 이때 가장 중요한 기준으로 삼은 것이 바로 공직자의 '역량'이다.

철저하게 능력으로 증명해 보이는 인사제도를 탄탄하게 뒷받침해 주는 것은 다름 아닌 싱가포르의 공무원 양성제도인 ASO Administrative Service Officer이다. ASO는 우수한 역량의 고등학생을 대통령 장학생으로 선발하여 관리한다. 이 장학생들은 대학에 진학해서도 새롭게 합류한 인재들과 함께 엘리트 리더 교육 프로그램 등을 이수하며 선의의 경쟁을 한다. 미래의 우수한 정치 리더를 확보하기 위해 싱가포르 정부는 대학의 장학금 제도를 활성화하는 등 지원을 아끼지 않는다. 대신 수혜자는 대학을 졸업한 후에 의무적으로 정부 기관에서 일해야 한다.

이렇듯 정부의 전폭적인 지원으로 우수한 인재들이 고등학교와 대학교에 걸쳐 엘리트 리더 교육을 받고 공무원이 되지만 정작 엘리트 관료인 행정관리직으로 올라가는 사람은 전체 공무원의 0.3%에 불과하다. 그만큼 철저한 실력 검증을 통해 정치 리더를 양성하고 있다는 의미다.

미국의 경우도 하버드대학교의 공공정책 전문대학원인 하버드 케네디 스쿨, 글로벌 리더 양성을 목표로 하는 MBA 코스 같은 세계 최고 수준의 싱크탱크를 통해 각 분야의 리더와 전문가를 양성한다. 중국 또한 중국 공산당의 고위직 간부를 양성하는 국립 교육기관인 중앙당교가 있다. 중앙당교는 중국에서 고위직의 정치 리더가 되기 위해서 반드시 거쳐야 하는 교육기관이다. 각 성급 단위나 중앙 단위에서는 승진하기 전에 반드시 중앙당교에 가서 교육을 받아야 한다. 이후에도 현직에 진출하고 승진하기 전에 또 교육을 받고, 교육 평가 점수를 기준으로 부임할 다음 임지가 결정된다.

정치는 예습이 불가능한 영역이다. 일단 한번 해보고 나서 서툴다 싶으면 다시 도전하면 되는 것이 아니다. 미리 최대한 훈련을 거쳐 충분한 역량을 갖춘 후에 도전해야 한다. 그렇게 해야 국민에게 피해가 가지 않는다. 따라서 우리나라 역시 역량 있는 정치 리더를 양성하는 국가적 싱크탱크가 반드시 필요하다.

이와 더불어, 정치 리더의 역량을 객관적으로 평가하는 시스템이 갖춰질 경우, 목소리 큰 사람이나 쇼맨십이 좋은 사람처럼 정치적 역량과는 무관한 이가 정치 리더가 되는 오류를 막을 수 있다. 이전까지 우리나라는 정치적 역량과는 무관하게 대중적인 인기만으로 국회의원이 되는 경우가 더러 있었다. 이럴 경우, 국민의 대표로서 국정심의에 전념하기보다는 인기에 더 신경을 쓰기도 하고, 부족한 역량 탓에 그릇된 결정을 할 위험도 크다.

축구선수는 축구를 잘해야 팀을 승리로 이끌 수 있다. 축구 실력은 부족한데 외모가 출중하고 노래를 잘한다고 해서 그를 팀으로 영입했다가는 경기를 망칠 위험이 커진다. 마찬가지로, 정치가로서 해야 할 일을 잘하는 사람이 정치 리더로 선출돼야 국민을 위하고 국가의 미래를 발전적으로 끌고 갈 수 있다.

유명인이나 인기인이 정치 리더로 선출되는 것을 유권자인 국민의 탓으로만 돌릴 수는 없다. 정치 리더 선출의 과정에 후보들의 정치적 역량을 평가하는 시스템을 마련해둔다면 국민이 후보자의 일시적인 인기에 현혹되는 위험을 피할 수 있다. 유럽의 경우, 대통령이 되기 위해서는 여러 정책기관에서 리더의 임무를 수행하며 많은 경험과 역량을 쌓아야 한다. 중국도 비슷하다. 중앙과 지방, 부유한 동네와 가난한 동네, 농촌과 도시 등 다양한 지역에서 기획 부서, 사업 부서 등 여러 부서의 임무를 맡아 최소 25년 이상의 경력을 쌓아야 최고위직 정치 리더인 7명의 상무위원 안에 들어갈 수 있고, 최종적으로 국가 최고 정치 리더인 주석의 자리까지 오를 수 있다.

우리나라도 기초의원, 광역의원, 기초단체장, 국회의원, 도지사, 장관, 대통령 등 각각의 단계별로 실적과 성과를 평가하는 정확하고 공정한 지표를 만들어서 이전 단계에서 훌륭한 성적을 거둔 사람만이 다시 다음 단계로 나아갈 수 있게 해야 한다. 즉, 기초의원의 역할을 잘 수행하면 도의원에 도전할 수 있고, 도의원의 역할을 잘 수행하면 시장이나 구청장, 시장이나 구청장의 역할을 잘 해내면 의원이나 도지사에 도전하는 방식이 되어야 한다.

'잘한다'는 것 역시 교육 환경을 얼마나 잘 개선했고 경제성장은 얼마나 이뤘는지, 국민 삶의 질을 얼마나 변화시켰는지 등 실적 중심의 경쟁력 평가지표를 만들어 객관적인 평가를 해야 한다. 국회의원의 경우는 이러한 평가지표를 통해 1등부터 300등까지 순위를 매긴다면 다음 선거에서 다시 국민의 선택을 받기 위해선 열심히, 잘할 수밖에 없다.

이렇듯 실적을 이뤄낸 사람만이 더 높은 자리로 올라갈 수 있게 하는, 객관적인 지표를 통한 평가가 시스템으로 정착되면 실력이 아닌 인기에 기대려는 꼼수는 사라지게 된다. 그래서 능력 있는 정치 인재가 정치 리더가 되고, 정치 리더는 다시 좋은 평가를 받기 위해 노력하는 선순환 구조가 만들어진다.

국민이 피해 보지 않고 불안해하지 않는 정치를 위해서도 정치 리더들이 예측 가능하게 성장해나가는 시스템이 반드시 구축되어야 한다. 집권 정당이 바뀔 때마다 널을 뛰듯이 정책이 오락가락하면 결국 그 피해는 고스란히 국민이 떠안는다. 정권이 바뀌어도 국민이 나라의 정책을 예측할 수 있어야 한다. 즉, 합의된 올바른 방향으로 나아가되 이번 정권에서 미진했던 부분은 다음 정권이 이어서 더 전진시키고 완성도를 높여가는 것이다.

이를 위해서는 정치 선진국들의 좋은 시스템을 참고하여 우리나라에 맞는 인재 양성 시스템을 만들고, 정치 리더들의 역량 또한 객관적인 지표로 평가하는 시스템을 정착시킬 필요가 있다. 그래야만 우리나라 정치계에 유능하고 일 잘하는 인재들이 모여 정치가 마땅히 해야 할 일에 집중하고, 이를 통해 미래를 향한 걸음도 더욱 속도를 낼 수 있다.

3장 ——————————— 기술, 혁신의 중심엔
언제나 사람이 있다

노무현 대통령은 기술을 통한 진보와 발전을 강조한 혁신가다.
그는 참여정부의 전자업무 시스템인
'이지원e知園'을 직접 설계하고 발명했다.
최적의 시스템을 설계하기 위해
주말마다 수많은 A4용지에 업무 구조도를 그리고 지우기를 반복했다.

마침내 온라인 시스템을 통해
직원이라면 누가 무엇을 하고 있는지,
문서는 어디에 있는지 알 수 있는
전자정부 소프트웨어가 청와대에 처음 도입되었다.

"기술 경쟁력이 글로벌 경쟁력의 가장 첫 번째 요소이자 핵심입니다.
그래서 기술혁신을 해야 합니다."

노무현 대통령에게 기술은 기업뿐 아니라
국가 경쟁력의 지표였다.

세상을 바꾸는 것은 상상과 열정, 그리고 기술이다.
"국력은 경제력이고, 경제력은 기술력에서 탄생한다"는
폴 케네디의 말은 진리다.
하지만 기술이 사람을 위해서 일하게 해야 한다.

디지털 경제로의 전환을 앞두고
혁신의 물결에 재빨리 올라타야 하지만
늘 사람이 중심이 되어야 한다.

기술혁신으로
모두의 경제가 열렸다

코로나19로 전 세계가 비상시국이다. 전염병 감염에 대한 공포와 그로 인해 위축된 소비 활동은 세계적인 경제 침체로 이어졌다. 거리의 수많은 점포, 그리고 기업까지 문을 닫는 사태가 벌어지면서 많은 이들이 임금삭감을 넘어 실업의 고통까지 겪고 있다. 그런데 아이러니하게도 이런 전 세계적 위기 상황에도 호황을 누리는 곳이 있다. 바로 플랫폼 기업이다.

질병의 확산을 예방하기 위한 사회적 거리 두기로 기존의 오프라인 공간이 아닌 온라인 공간에서 많은 것을 해결하는 '언택트Untact 문화'가 일상화되면서 네트워크를 기반으로 한 플랫폼 기업이 호황을 맞게 되었다. 전 세계의 영화관이 폐업의 위기로 고통받을 때 인터넷으로 영상 콘텐츠를 제공하는 OTTOver The Top 플랫폼은 연일 이용자가 늘고 있다. 전통적인 제조·서비스 기업이 파산과 폐업의 위기를 겪을 때 플랫폼 기업인 아마존은 17만 명이 넘는 직원을 신규로 채용했다.

이렇듯 위기와 기회는 서로 맞물려 있다. 누군가에겐 절체절명의 위기가 다른 누군가에겐 더없는 기회가 되기도 한다. 물론 코로나19는 플랫폼 시대를 앞당기는 역할을 했을 뿐, 디지털 기술을 바탕으로 한 산업의 변화는 이미 우리 가까이에 와 있었다. 단지 예상치 못한 위기가 닥치자 그것을 먼저 준비하고 있던 이가 기회를 잡은 것뿐이다.

기회는 거창하게 찾아오지 않는다. 변화를 긍정적으로 받아들이며 적극적이고 능동적으로 활용하면 그것이 곧 '기회'가 된다. 혁신적인 기술의 발전은 산업의 패러다임을 크게 바꾸어놓았고, 산업의 변화는 국민의 삶 또한 새롭게 변화시켜나가고 있다. 특히 좋은 아이디어는 창업으로 연결되고 부를 창조해내는 강력한 자원이 될 수 있다. 이는 국민 개개인의 경제력뿐만 아니라 국가 전체의 경제력 향상에도 더없이 좋은 기회다.

18세기 중반부터 지금에 이르기까지, 인류는 혁신적인 생산도구와 동력의 개발을 통해 산업구조를 혁명적으로 발전 및 전환시켰다. 그리고 이는 곧 인간 삶의 곳곳으로 파고들어 개인의 일상뿐만 아니라 교육, 직업, 비즈니스, 정치, 외교 등 모든 영역에서 큰 변화를 가져왔다. 우리는 지금 인류 역사상 네 번째에 해당하는 혁신적인 기술혁명과 그에 따른 산업구조의 변화를 맞고 있다. 그리고 그 배경에는 늘 그렇듯이 더 나은 삶에 대한 필요와 욕구가 있다.

모든 것을 인간의 직접적인 노동에 의존하던 때에 노동의 한계에 직면하자 인류는 증기기관을 통한 동력의 대체를 꾀했다. 덕분에 대량생산과 대량소비가 가능한 공장제 기계공업의 시대가 열렸다. 그런데 인류의 바람은 여기서 그치지 않는다. 제한된 시간 안에 더 많은 상품을 생산하기를 바랐고, 그 결과 전기에너지를 기반으로 한 컨베이어벨트의 개발을 통해 자동화된 대량생산의 시대로 진입하게 된다.

20세기 후반, 인류는 세 번째의 혁신적인 산업의 변화를 일으킨다. 컴퓨터와 인터넷을 기반으로 한 지식정보 혁명과 정보통신기술의 발달을 통해 직접 점포에 가지 않아도 필요한 물건을 살 수 있는 인터넷 쇼핑과 전자상거래 등으로 대표되는 e비즈니스의 시대가 그것이다. 모든 것을 오프라인에서 직접 생산하고 소비하며 유통했던 기존의 산업구조의 질서를 깨고 온라인이라는 가상공간을 산업의 영역으로 끌어들인 것이다.

현재 우리가 겪고 있는 디지털 혁명은 3차 산업혁명의 고도화 단계로, 인터넷을 비롯한 디지털 기술과 인공지능, 빅데이터의 결합을 통해 혁신적인 산업구조의 변화와 더불어 생산성의 혁신을 가져오고 있다. 그리고 이전의 산업혁명들과는 달리 우리의 삶에도 혁신에 가까운 큰 변화를 일으키고 있다. 스마트폰 하나만 있으면 은행, 관공서, 도서관, 영화관, 쇼핑몰 등을 언제 어디서든 자유롭게 이용할 수 있다. 그뿐이 아니다. 지구 맞은편에 있는 친구와도 얼굴을 마주 보며 대화를 나눌 수 있고, 생면부지의 타인과도 비슷한 관심사나 신념 등으로 연대하여 힘을 모을 수 있다.

인공지능과 빅데이터가 바탕이 된 사람과 사람, 사람과 사물, 사물과 사물이 연결되는 초연결의 실현은 개인의 삶뿐만 아니라 산업의 패러다임도 완전히 바꾸어놓았다. 지금까지 자본주의 사회에서 부자가 되기 위해서는 생산수단을 소유해야만 했다. 농경사회에서는 농사를 지을 땅을 가진 자가 부자가 될 수 있었고, 제조업, 서비스업, 건설업, 유통업 등이 주력 산업이었던 전통적인 산업사회 역시 공장과 기계 등 자본을 가진 자가 부를 재생산해낼 수 있었다.

　　자본이 산업을 이끌던, 즉 돈이 돈을 벌던 이전의 세상과는 달리 이미 우리 옆에 와 있는 디지털 산업사회에서는 아이디어가 부를 창조해내고 있다. 차량 공유 플랫폼 기업인 우버나 숙박 공유 플랫폼 기업인 에어비앤비처럼 소비자와 공급자를 연결해주는 인터넷 플랫폼이라는 아이디어만으로도 세계적인 기업이 되고 큰돈을 벌 수 있게 됐다.

　　어디 그뿐인가. 차량이나 빈방, 잘 사용하지 않는 물품 등을 공유하는 문화가 산업의 영역에까지 뻗어 사무실이나 상업용 주방과 같은 업무공간을 공유함으로써 창업과 관련한 비용을 획기적으로 줄일 수 있게 되었다. 게다가 3D 프린터의 대중화는 제조업 분야의 1인 창업 시대를 열어주었다. 그간 자본이 없어 머릿속 아이디어로만 머물던 것을 간편하게 시제품으로 형상화할 수 있을 뿐만 아니라 자유로운 디자인 실험도 가능해져서 제조업 분야의 도전이 더욱 활발해졌다. 지금까지는 상품을 대량생산하는 자본가만이 부를 재창조하는 시대였다면 이제는 창의적인 아이디어만으로 흙수저를 쥐고 태어난 사람도 얼마든지 성공하고 돈을 벌 수 있는 환경이 되었다.

　20년 전 참여정부는 이미 '디지털 경제'의 중요성을 예측했다. 2000년 노무현 대통령이 해양수산부 장관을 지낼 때였다. 20여 명의 참모가 모여서 그를 대통령으로 만들 선거 전략을 세웠다. 이 시기에 국가에 필요한 대통령의 역할이 무엇인가를 두고 심층 논의를 한 것이다. 긴 시간 회의 끝에 나온 결론은 놀랍게도 '디지털 경제 리더'였다.

　1998년 외환위기를 겪으며 대한민국에는 새로운 전환의 물결이 밀려오고 있었고, 그것을 위기가 아닌 기회로 역전시키기 위해서는 새로운 성장동력이 필요했다. 특히 우리나라처럼 자원이 부족한 국가에서는 IT가 핵심 성장동력이 되면 나라의 경제위기를 타개하고, 나아가 글로벌 경쟁력을 갖추는 데도 큰 도움이 될 것이라 기대되었다. 따라서 당시 산업 곳곳에서 싹을 틔우고 있던 IT 산업을 더욱 혁신적으로 전개해나갈 필요가 있었다.

　'최초의 IT 대통령'으로 불릴 정도로 IT 산업에 관심과 애정이 깊었던 노무현 대통령은 대통령으로 당선된 이후 청와대의 문서 결재 프로그램을 직접 개발했을 정도로 IT 분야에 해박했다. 그의 IT 기술에 관한 관심과 집념은 국회의원 시절부터 정평이 나 있었다. 그는 1988년에 국회의원 최초로 전자수첩을 사용하기도 했고, 의원실 최초로 컴퓨터를 랜선으로 연결하고 자료를 처리하는 시스템을 도입했다. 대통령 취임 후 이공계 출신을 우대하는 공직 인사제도를 만들도록 지시하기도 했다.

그는 임기 첫해인 2003년에 역대 대통령 중 처음으로 정보통신의 날 행사에 참석하여 "IT를 중심으로 신성장동력 발전 전략을 수립해 미래의 새로운 성장동력을 창출하겠다"며 IT 산업에 대한 강력한 의지를 표명했다.

노무현 대통령은 자신의 강력한 의지처럼 실제 대통령직을 수행하는 동안 IT 산업의 기반을 탄탄히 닦아두기 위해 부단히 노력했고, 그 결과로 임기 중인 2006년에는 국내 IT산업의 생산 규모가 10년 전과 비교해 4배 이상 성장한 약 250조 원에 달하는 성과를 이뤄냈다. 덕분에 당시 우리나라는 'IT 강국 코리아'로 세계적인 인정과 관심을 받으며 IT 산업이 빠르게 성장해갔다.

20년 전의 예측이 이미 현실에서 구현되고 있는 지금, 디지털 경제로의 전환은 더는 선택의 영역이 아니다. 빅데이터와 인공지능을 기반으로 하여, 빠른 속도로 디지털 산업으로 전환하고 있는 요즘, 디지털 혁신은 국가 경쟁력과 국민 삶의 질을 좌우할 정도로 절박하고 중요해졌다.

현재 세계는 전통적인 제조업 위주의 기존 산업이 무너지고 정보와 지식을 주요 자본으로 한 새로운 산업이 강력한 힘을 발휘하고 있다. 즉, 과거에는 상품을 생산하는 시대였다면 현재와 미래는 데이터와 콘텐츠를 생산하는 시대로 점점 바뀌고 있다. 2019년을 기준으로 아마존, 페이스북, 구글 등과 같이 플랫폼과 빅데이터를 기반으로 한 IT 기업들이 주가 총액이나 매출액 기준으로 세계 상위권을 모두 장악하고

있다. 거대한 토지와 공장, 자본이 아닌 창의적 아이디어로 가상세계를
지배하는 자가 세상을 지배하는 것이다.

이러한 산업 패러다임의 변화는 그에 걸맞은 새로운 동력과 시대정
신을 요구한다. 인공지능에 의해 지식과 지혜가 자동 생성되는 시대에
는 디지털 기술을 중심으로 한 범국가적인 대변혁이 요구된다. 과거
의 성공 공식을 고집하고, 변화에 둔감하거나 변화를 두려워하고 주저
하며 소극적으로 대응하면 돌이킬 수 없는 '위기'를 불러올 수 있다. 더
군다나 디지털 세상으로의 변화는 그 자체로도 위기를 내포하고 있다.
로봇과 인공지능의 활약은 인간의 삶을 편리하게 해주지만 산업 전반
에 걸쳐 인간의 일자리를 침범함으로써 모두에게 큰 위기를 몰고 올
것이 예상되기 때문이다. 가뜩이나 낮은 취업률과 불안정한 고용 형
태에 대한 불안감이 큰데 로봇과 인공지능까지 합세하면 그 위기감
은 최고조에 달할 것이다. 한국고용정보원의 발표에 따르면, 다가올
2025년까지 인공지능과 로봇이 국내 1,600만 명의 일자리를 대신할
것이라고 한다.

이러한 위기가 예상된다고 해서 로봇과 인공지능의 개발과 활용을
제한하는 것 또한 변화에 역행하는 모순된 태도다. 결국엔 로봇과 인
공지능이 침범할 수 없는 인간만의 영역을 찾고, 그곳에서 필요로 하
는 역량을 키워 새로운 가치를 만들어내는 것이 위기를 기회로 만드는
유일한 전략이다.

디지털 세상으로의 변화를 기회로 만들 것인지 위기로 만들 것인지를 기업이나 국민 개개인의 몫으로 던져두어서는 안 된다. 특정 계층만의 위기나 기회가 아닌 국민 모두에게 기회이자 위기가 될 변화의 상황을 맞아 정부는 더욱 적극적으로 변화에 대처하고 긍정적인 방향으로 이끌어가야 한다. 즉, 디지털 혁신의 장점을 극대화하고 단점을 최소화할 방안을 모색하여 국민이 나아갈 길을 적극적으로 열어주어야 한다.

특히 코로나19로 많은 국민이 경제적 고통을 겪고 있는 지금, 위기에도 시장이 작동되는 강력한 힘을 만들어내야 한다. 그 힘은 다름 아닌 디지털 기술을 바탕으로 한 미래 산업이다. 위기일수록 미래 산업에 맞춰 대대적인 변화를 꾀해야 한다. 그래야 위기에서 탈출하고, 더 나은 내일과 만날 수 있다.

세상의 변화를 적극적으로 받아들이며, 모든 국민이 기회를 얻을 수 있도록 앞서서 길을 만들어주는 것이 국가의 역할이다. 변화를 가로막는 낡은 제도와 규제를 혁신하고, 탁월한 아이디어가 사업으로 꽃필 수 있도록 적극적으로 지원해야 한다. 혁신 창업이 사업적 성과와 성공으로 이어져 더 많은 양질의 일자리가 창출될 수 있도록 힘껏 이끌어야 한다. 국민의 삶이 더 풍족하고 평온해지도록 돕는 것이 정부가 존재하는 가장 큰 이유다.

기술을 이해하는
리더가 필요하다

변화의 시기일수록 리더의 역할이 중요하다. 리더로서 새로운 시대를 여는 것은 이전에는 없던 새로운 것을 창조한다는 의미가 아니다. 이미 우리 가까이, 모두의 삶 깊숙이 들어와 있는 미래를 발견하고 그 흐름에 대응할 수 있는 환경을 만드는 것이 리더가 할 일이다. 안타깝게도 현재 우리나라의 정치 리더들은 이미 와 있는 미래도 보지 못하고, 보았다고 한들 기득권 세력의 반발에 주눅 들어 목소리를 내지 못하고 있다. 심지어 시대에 맞지 않는 해묵은 법을 고수하며 변화를 거부하는 모습까지 보인다. 앞서서 이끌기는커녕 발목을 잡으며 방해하는 꼴이다.

스마트 진료만 하더라도 의료계의 거센 반발로 여러 선진국과 비교할 때 그 속도가 더디다. 디지털 기술의 발달로, 최근 몇 년 사이 의사와 환자가 직접 대면하지 않고 모바일 메신저를 통해 진료하는 스마트 진료는 세계적인 추세다. 병원 방문이 어려울 정도로 몸이 아픈 환자는 물론이고, 대면 진료가 힘든, 나날이 그 수가 늘어가는 고령 환자의 불편함을 해소하기 위한 방안이다. 의료 선진국가인 미국과 유럽은 이미 스마트 진료가 대중화 단계에 접어들었고, 일본의 경우 2015년부터 스마트 진료를 전면 시행해 이후 건강보험을 적용하는 등 적극적으로 활성화해나가고 있다. 중국 역시 2016년에 스마트 진료를 도입해 2019년에는 1억 명 이상이 스마트 진료 서비스를 이용했다.

코로나19로 스마트 진료의 필요성이 재조명되면서 우리나라도 한시적이나마 전면 허용되기는 했으나, 여전히 법이라는 거대한 장벽에 가로막혀 세계적인 변화의 물결에 올라타지 못하고 있다. 이런 이유로 국내의 대표적인 IT 기업인 네이버는 우수한 스마트 진료 기술을 진작 개발해놓고도 정작 국내에서 시행하지 못하다가, 결국 2019년 12월에 의료 전문 자회사인 라인헬스케어를 통해 일본에서 먼저 스마트 진료 서비스를 시작했다.

우리나라는 20여 년 전인 김대중 정부 시절부터 이미 도서 및 산간 오지 지역을 대상으로 스마트 진료를 시도했다. 하지만 의사와 시민단체 등 기득권의 반대에 부딪혀 20년이 지난 현재까지 시범사업에만 머물며 한 발짝도 나아가지 못하고 있다. 그 사이 세계는 2021년 기준, 약 49조 원(글로벌 시장조사기관 스테디스타 자료)으로 예상되는 스마트 진료 시장을 만들어가고 있다.

물론 스마트 진료를 현실화하기 위해선 일부 유명 종합병원으로 환자가 쏠리는 현상과 그에 따른 동네의 소형 병원과 약국의 경영악화 등 여러 해결해야 할 문제들이 많다. 이러한 문제들을 외면하거나 지나치게 염려하기보다는 모두가 고개를 끄덕일 수 있는 합리적이고 균형 있는 답을 찾는 것이 중요하며, 그것이 바로 정부가 할 일이다.

금융시장 또한 크게 다르지 않은 실정이다. 각종 규제와 이해관계로 인한 느린 정책 때문에 한국은 IT 강국이란 말이 무색할 정도로 IT 금융에서는 뒤처져 있다. 카드나 현금 없이 모바일로 오프라인에서 결제하는 문화가 이미 세계적인 추세가 되었음에도 아직 우리나라는 대중화되지 못했다. 삼성전자가 2015년 국내에 선보인 간편결제 서비스인 삼성페이는 정부의 온갖 규제 등으로 제 속도를 내지 못하다가 결국 중국의 알리페이에게 역전당했다. 위챗페이와 더불어 중국의 양대 간편결제 서비스인 알리페이는 중국 정부의 적극적인 시스템 지원에 힘입어 현재 세계적인 IT 금융으로 힘차게 성장해나가고 있다.

이렇듯 우리나라가 훨씬 더 빨리 IT 금융 시스템을 개발해놓고도 세계적인 기업으로 발전해나가지 못한 데는 정부의 탓이 크다. 오죽하면 국내 IT 금융 기업들의 최대 적은 경쟁업체가 아닌 정부의 규제라는 말이 있을까.

의료와 금융을 비롯한 다양한 산업이 디지털 기술과의 융합과 도전을 거부하거나 미룬다면 해당 산업이 세계시장에서 경쟁력을 잃는 것은 물론이고 장기적으로 볼 때 국가 경제 전체가 위기 상황을 맞을 수 있다. 그리고 이는 곧 국민 삶의 질적 저하로 이어지는 등 악순환의 늪에 빠지게 된다. 변화와 발전을 위한 걸음 뒤에는 크고 작은 반작용이 있을 수 있다. 그러나 이것을 현명하게 해결하는 것 또한 결국엔 국민을 위한 일이기에 균형점을 찾으면서 전진하면 된다.

디지털 기술은 이미 우리 삶 깊숙이 들어와 있고, 다가올 미래를 이전과는 완전히 다른 세상으로 만들 혁신을 준비하고 있다. 또한, 새로운 세상에서는 디지털 기술이 단지 삶을 편리하게 해주는 것만은 아니다. 앞서 말했듯이 디지털 기술을 적극적으로 활용하면 기존 산업의 패러다임 자체를 완전히 새롭게 변화시키고, 자본가에게만 허락되었던 부 창출의 기회를 모두에게 공정하게 열어줄 수 있다. 이를 통해 우리나라는 더욱 부강해질 수 있으며, 모든 국민이 더 안정되고 평안한 삶을 살 수 있게 된다.

이미 대세가 된, 거스를 수 없는 변혁의 물결을 국가와 국민에게 득이 되는 방향으로 이끌어가려면 기술을 중시하는 사회 시스템 구축이 필수적이다. 기술을 중시하는 사회 시스템을 구축하려면 최고 자리의 정치 리더부터 기술을 이해할 수 있어야 한다. 즉, 디지털의 힘을 제대로 이해하고 그것을 적극적으로 받아들이고 활용할 수 있는 능력이 있어야 한다.

기업이든 국가든 창업의 시기, 수성의 시기, 전환의 시기가 있다. 또한, 그 시기마다 필요로 하는 리더의 능력이 다르다. 우리나라만 하더라도 산업화의 시기, 민주화의 시기에는 그에 맞는 리더가 필요했다. 그래야 정치가 이전의 단계를 넘어서서 새로운 단계로 전진할 수 있기 때문이다. 디지털 혁신의 시기도 마찬가지다. 혁명과도 같은 디지털 경제 시대를 맞아 정치 리더는 디지털 기술의 힘을 가장 잘 이해하고 앞서 나아가 이끌 수 있어야 한다. 그리고 무엇보다 세계의 시선으로 미래를 보는 눈을 가지고 있어야 한다.

국가 R&D 혁신이
필요하다

GDP 대비 정부의 1년 R&D 예산이 최고인 나라는 어디일까? 바로 대한민국이다. 지난 2019년 정부 R&D 예산은 20조 5,300억 원이었으며, 2018년 대비 4.4% 증가한 금액이다. 우리나라의 정부 R&D 예산은 국내총생산GDP 대비 4.6%에 달하고, OECD 회원국 중 가장 높다. GDP 규모가 OECD 국가 중 12위에 불과하다는 것을 고려하면 이는 상당히 높은 비중의 금액이라 할 수 있다.

연구개발에 많은 돈을 투자하고 지원하니 자랑할 만한 일인데도 비판의 목소리가 높은 것은 무엇보다 투자한 돈에 대비해 결과가 썩 만족스럽지 못하기 때문이다. 현재까지 우리나라에서는 전자통신 연구원이 만든 CDMA 외에는 세계적인 기술이 나오지 못한 상태다. 한 해 20조 원이 넘는 거금을 정부가 R&D 예산으로 지원하는데 왜 결과가 만족스럽지 못한 것일까? 이는 단순히 우리 국민의 지능지수나 역량의 문제만은 아닐 것이다.

우리나라 정부는 R&D 예산의 절반가량을 정부출연 연구소와 국공립 연구소에 지원한다. 성공적인 연구와 개발의 결과가 사업으로 이어져 수익성과 생산성이 향상되는 기업의 과제가 아닌, 연구소에 R&D 예산의 절반 가까이나 지원하는 것이다.

그뿐만 아니다. 이들이 R&D 예산으로 연구할 과제의 95%를 정부가 결정하는데, 정부가 제시하는 연구과제의 대부분이 단기간에 성과를 올릴 수 있는 것들에 집중되어 있다는 문제도 있다. 정권이 바뀔 때마다 국가 R&D 정책의 내용과 방향이 바뀌니 R&D 예산 배분의 담당자들은 단기간에 성과를 내는 단기·소형 과제들을 선호할 수밖에 없다.

이기는 게임만 하는 것은 승률에는 득이 될지 모르나 실력 향상에는 결코 도움이 되지 못한다. 놀랍게도 우리나라 정부 R&D 연구과제의 성공 확률은 98%에 달한다. 우리나라의 연구원들의 실력이 우수한 것이야 인정한다지만 그렇다고 해서 98%에 달하는 성공률이 나오는 것이 과연 가능할까? 이는 성공할 수 있는 과제에만 도전한다는 것과 같은 의미일 것이다.

승률이 98%나 되는 과제에 도전하는 것을 과연 도전이라고 할 수 있을까? R&D 예산의 지원 기준부터 분배 과정, 그리고 성과를 점검하는 기준까지 총체적으로 다시 점검하고 혁신하지 않으면 한국은 승률 98%의 소심한 도전만 하는 나라라는 오명을 지울 수 없다. 뿐만 아니라 오랜 기간 밑 빠진 독에 물을 붓듯이 낭비되었던 R&D 예산의 집행 과정을 바로잡기도 더욱 힘들어진다. 게다가 이는 단순히 국가 예산의 낭비 차원에서 끝나는 문제가 아니다. 해당 기간 동안 R&D에 전념했던 연구원이나 개발자들의 귀한 시간을 낭비한 것이 되고, 더 수준 높은 과제에 도전하여 역량을 키울 기회를 잃어버린 셈이 된다.

국가 R&D 혁신을 위해서는 우선 정부의 R&D 예산지원이 효율적으로 이루어지고 있는지 살펴봐야 한다. 정부가 지원하는 사업의 연구들은 대부분 특허나 논문의 난이도 및 파급력, 특허 등록이나 논문의 편수와 같은 양적인 부분에 기준을 두어 평가하기 때문에 연구가 반드시 괄목할 만한 성과로 이어질 필요가 없다. 정부의 입맛에 맞는 기준만 지켜주면 결과에 대한 큰 부담 없이 R&D 예산을 지원받을 수 있으니 이를 악용하는 기업이나 연구원들도 없지 않다.

R&D 비용은 매년 증가하는 데 비해 생산성의 향상이 둔화하는 경향을 보이니 정부는 수혜 대상 중소기업 선정 심사에서 벤처캐피털이나 기술평가기관의 비중을 확대했고, 평가 기준에 중소기업의 매출은 물론 경영실적을 추가하여 생산성 향상의 지표를 강화하기도 했다. 그런데 이 역시 기존의 정량적인 평가가 강화되었을 뿐 근원적인 해결책은 아니라는 목소리가 나오고 있다. 또한 정부 R&D의 성과를 평가하는 지표에 더 세부적인 기준을 추가할 필요가 있다는 의견도 있다.

정량적인 평가가 강할수록 양적 성과에 집착할 수밖에 없어 자칫 보여주기식의 성과 부풀리기에 급급하게 되는 폐단을 낳을 위험도 있다. 실제로 대한민국의 R&D는 양적인 부분에선 세계적 수준이지만 질적인 부분에선 괄목할 만한 성과를 드러내지 못해 일각에선 '속 빈 강정'이라는 비판까지 나온다. 특허만 하더라도 우리나라는 세계 4위의 특허 강국임에도 특허가 라이선스로 전환되는 사례는 그다지 많지 않다.

금융 뉴스와 분석 정보를 제공하는 미국의 미디어 그룹 블룸버그 통신은 매년 연구개발 투자R&D Intensity, 제조업 부가가치Manufacturing Value-added, 생산성Productivity, 첨단기술 집중도High-tech Density, 교육 효율성Tertiary Efficiency, 연구원 집중도Researcher Concentration, 특허 활동Patent Activity의 7가지 항목을 기초로 세계 60개 나라의 혁신성을 평가하는 블룸버그 혁신지수BII; Bloomberg Innovation Index를 발표한다. 블룸버그 혁신지수에서 한국은 2014년 이후 6년 연속하여 1위를 차지했고, 2020년에는 독일에 밀려 2위가 되었다.

지난 7년 동안의 누적 평균 세계 1위의 혁신성을 보인 한국이 R&D 결과에 대한 지적을 피할 수 없는 것은 앞서 말했듯이 질적인 부분이 아닌 양적인 부분에 치중한 탓이다. 그렇다 보니 정작 필요한 부분에선 구체적인 성과를 내지 못하고 있다. 일례로 생산제조 장비나 제품에 들어가는 주요 핵심 부품인 소재부품의 국산화 R&D도 마찬가지다. 1980년대에 들어서면서부터 정부는 예산을 투입하며 소재부품 국산화를 본격적으로 추진했고, 그 비용은 갈수록 커졌다. 그럼에도 이렇다 할 성과를 창출하지 못한 것이 현실이다.

연구를 위한 연구과제가 아닌 연구개발 역량 자체가 산업을 만드는데 초점을 맞춰야 한다. 이를 위해선 지금의 R&D 예산지원 시스템을 대대적으로 개혁해야 하며, 정부가 중심을 잡고 올바른 방향을 제시해야 한다.

대한민국의 국가 R&D 혁신을 위해서는 R&D 설계 시스템의 대대적인 개편과 더불어 결과물에 대한 평가 기준이 더욱 실용적이고 합리적으로 변화되어야 한다. 국가 예산을 미래지향적인 사업이 아닌 과거로 회귀하는 듯한 전혀 엉뚱한 곳에 지원한다거나, 연구개발의 결과가 생산성과는 거리가 먼, 이론에만 머무는 연구에 지원한다면 정부는 국민의 피와 같은 세금을 허투루 낭비한다는 비난에서 결코 자유로울 수 없다.

먼저 국가 R&D의 설계 시스템의 경우 외국의 이상적인 모델을 벤치마킹할 필요가 있다. 우리나라는 현재 20조 원가량의 예산이 집행되는 R&D를 설계하고 관리하는 일이 국내 인력에 집중되어 있고, 여기에만 1년에 2조 원이라는 비용이 사용된다. 이에 반해 싱가포르는 R&D를 설계하고 관리하는 사람들이 모두 노벨상 수상자들을 비롯한 세계적인 전문가들이다. 세계의 흐름이 어디로 향할 것인지, 그로 인해 어떤 기술을 만들어야 하는지 등 세계적인 안목으로 싱가포르 R&D의 방향을 제시하는 것이다.

한편 GDP 대비 정부 R&D 비용이 우리나라와 비슷한 수준인 이스라엘은 총리실 안에 과학관실을 두고 신산업 발굴, 기술 인큐베이팅 프로그램 운영 등 구체적인 국가 R&D의 방향을 정한다. 우리나라의 경우 이 두 가지 모델을 융합하여 혁신을 시도하는 것이 이상적이라 판단된다.

결과물에 대한 평가 기준의 경우, 우리나라 정부 지원 R&D의 결과물은 논문과 특허다. 그리고 우수함을 따지기보다는 '얼마나 많은가'를 보는 정량적 기준이 중심인 경우가 대부분이다. 이에 반해 싱가포르의 R&D 결과물은 특허의 라이선스 전환이 평가의 중요한 기준이다. 특허가 있다고 해서 모두 돈을 버는 것은 아니니 특허가 상품화로 이어져 새로운 산업을 만들고, 그로 인한 기술 사용료 수입이 창출되는가가 결과 평가의 중요한 기준이 되는 것이다.

시장에서 단돈 천 원짜리 물건을 살 때도 이리저리 비교하며 가성비를 따진다. 진리의 상아탑이라 불리는 대학도 단순한 학문의 연구가 아닌 그 결과가 비즈니스로 연결되는 것을 중요하게 여긴다. 하물며 국민의 세금으로 진행되는 국가 R&D의 경우라면 더더욱 실용성과 경제성을 중요한 평가 기준으로 삼아야 한다. 따라서 정부는 국가 R&D 정책을 세울 때 단순히 연구와 개발에 그치는 것이 아니라 그것이 산업화로 이어져 국가의 경제력에 직접적인 도움을 줄 수 있는지 꼼꼼히 따져보아야 한다. 국민의 주머니에서 나온 돈을 효율적으로 활용해 최대한 많이 국민의 주머니로 되돌려주어야 진정 유능한 정부다.

●

타다도 웃고
택시 노동자도 웃게 하려면

손가락 하나로 많은 것을 해결할 수 있는 디지털 세상으로의 전환은 이전까지 상상할 수 없었던 신세계를 열어주었다. 그런데 과연 이런 변화가 모든 사람에게 반갑기만 할까? 전자책의 보급은 제지공장과 인쇄공장 등 기존의 종이책을 만들던 산업에 큰 타격을 주었다. 온라인 쇼핑몰은 오프라인 판매에만 의존하던 재래시장과 동네 점포들에게 적과 같은 존재가 되었다.

'공존이 아니면 공멸'이라는 전문가들의 무시무시한 미래 예측이 아니더라도 이미 우리 사회 곳곳에서 미래와 충돌하는 현재를 볼 수 있다. 인터넷쇼핑은 물론이고 차량이나 숙소, 업무나 상업공간을 공유해 쓰는 다양한 형태의 공유경제와 이를 중개하는 플랫폼 기업 등 기존에는 없던 산업의 형태가 속속 등장하고 있다. 이러한 변화에 적극적이고 능동적으로 대응하지 않고서는 다가올 미래에 대한민국이 설자리가 없다는 것을 잘 알면서도 선뜻 변화를 반길 수만도 없다. 남겨진 이들, 즉 변화에 합류하지 못해 뒤처지고 소외된 사람들이 있기 때문이다.

이미 세계적으로 대세가 된 차량 공유 서비스만 하더라도 마냥 받아들일 수 없는 것은, 디지털 세상에 합류하지 못하는 기존의 택시기사들을 보호하는 것 또한 중요한 일이기 때문이다. 이는 비단 차량 공유 서비스만의 문제가 아니다. 새로운 디지털 혁신의 물결에 올라탄 이도, 그 물결에 쓸려나갈 이도 모두 우리의 국민이기 때문에 대세이니 받아들여야 한다며 강요할 수도 없으며, 무턱대고 기득권 세력의 입장만 옹호할 수도 없는 일이다. 누가 옳고 그르다가 아닌 모두가 만족할만한 절충선을 찾는 것이 관건이다.

변화의 물결은 종종 과거와 충돌하곤 한다. 발전을 위한 변화임에도 합류하지 못하는 이는 있기 마련이고, 이들을 모두 껴안고 나아가야 하는 것이 국가이기에 최선의 답을 찾아야 한다. 1989년 '범죄와의 전쟁'이 선포되면서, 그 해결 방안 중 하나로 이듬해인 1990년부터 나이트클럽, 룸살롱, 단란주점, 카바레 등의 유흥업소뿐만 아니라 일반음식점이나 카페, 극장 등의 식품접객업소에서 자정 이후에 영업하는 것을 전면 금지하는 '심야영업 금지' 조치가 취해졌다.

1982년 1월 5일 새벽 4시를 기해 36년간 이어지던, 자정부터 새벽 4시까지의 통행금지가 해제되자 그간의 억압에 대한 반작용으로 사람들은 자정이 지나도록 술과 유흥을 즐기며 거리를 배회했다. 그리고 이에 따른 폐단이 점점 커지자 2년 뒤인 1984년에 서울시는 안마시술소를 비롯한 퇴폐·향락업소의 심야영업을 전면 금지했다. 술과 유흥 등으로 밤을 즐기는 문화가 확산되자 정부가 특단의 조치를 취한 것이다.

강력한 조치에도 불구하고 단속을 피해 영업하는 퇴폐업소가 사라지지 않자 정부는 1990년 1월부터 심야영업 금지 조치를 대대적으로 확대했다. 심야영업 정지 대상이 된 점포들은 심각한 경영난에 줄이어 폐업하고, 직장을 잃은 이가 자살과 같은 극단적인 선택을 하는 일까지 벌어졌다.

1990년 당시, 13대 국회의원이던 노무현 대통령은 정부의 심야영업 금지 조치에 반대의 목소리를 높였다. 심야 시간의 퇴폐업소 근절을 통한 범죄의 예방이라는 취지는 더없이 좋지만, 그로 인해 피해를 입는 선량한 시민들도 함께 생각하자는 것이 그의 뜻이었다. 건전하게 영업하는 수많은 자영업자와 근로자들 또한 국가가 보듬어야 할 국민이기 때문이다.

국가의 발전만을 생각한다면 힘이 들고 다소 무리가 되더라도 일단 앞으로 나아가는 것이 옳을 수 있다. 그러나 그 과정에서 누군가 대열에서 쓰러지고 피를 흘린다면, 그리고 쓰러진 사람들 역시 '우리'라면 이야기는 달라진다. 최대한 그들을 일으켜 세워 모두 함께 나아갈 방법을 찾아야 한다. 국가에게 국민은 결코 버려서는 안 될, 끝까지 함께 가야 할 '우리'이기 때문이다.

다행히 심야영업 금지 조치는 그로부터 8년 후인 1998년에 완전히 폐지되었다. 그러나 30여 년이 지난 지금, 혁신적인 디지털 대전환의 시대를 맞으며 대한민국은 또다시 딜레마에 빠졌다. 세계적 흐름을 따르며 전진하려니 기존에 이미 질서를 유지하며 세력을 형성한 기득계층의 반발이 만만치 않다. 게다가 이들 역시 열심히 자신의 삶을 살아가는 선량한 국민이니 보호해야 마땅하다. 그런데 이들을 보호하려면 세계적인 디지털 흐름에 역행해 글로벌 경쟁에서 뒤처지게 되니 정부로선 여간 곤란한 일이 아니다.

'타다 금지법'으로 불리는 여객자동차운수법 개정안이 2020년 3월에 국회를 통과하면서 타다 서비스를 이용하는 소비자들의 불만을 비롯해 일반 국민의 우려의 목소리도 크다. 디지털 혁명을 선도해야 할 정부와 국회가 오히려 대세에 역행하는 규제를 늘리는 것에 대해 염려하는 것이다.

타다를 비롯하여 렌터카를 활용한 운송업체 플랫폼이 증가하고 이용 고객이 늘자 택시업계가 거세게 반발했고, 결국 국회는 11~15인승

차량, 관광 목적, 6시간 이상 이용, 대여 및 반납 장소 제한(항만과 공항에서만 가능) 등의 조건에서 타다 서비스를 제한적으로 허용하고, 택시업계에 위협이 될만한 중·단거리 운행을 법으로 규제했다.

디지털 기술을 바탕으로 한 새로운 여객운송수단의 등장은 오랜 세월 동안 택시 운전을 하며 가족의 생계를 책임지던 택시기사들에게는 엄청난 위협이다. 그래서 비단 타다만이 아니라 디지털 플랫폼을 기반으로 하는 카셰어링 서비스인 우버나 쏘카, 그린카 등도 택시업계와 큰 마찰을 빚어야 했다.

차량을 소유한 사람과 차량이 필요한 사용자를 이어주는 차량 공유 플랫폼으로 큰 성공을 거둔 우버의 경우, 디지털 선도국들에서 환영받았을 뿐만 아니라 우버의 혁신적인 비즈니스 모델을 벤치마킹한 각국의 차량 공유 서비스들도 속속 등장했다. 중국의 경우 2012년에 중국판 우버 택시라 할 수 있는 디디추싱Didi Chuxing이 출범했는데, 4년 뒤인 2016년에 우버 중국 지사를 인수할 정도로 급격히 성장했다. 게다가 디디추싱은 중국 내에서의 성공에 안주하지 않고 남미, 중동, 아프리카 등 전 세계를 상대로 그 영역을 확대해나가고 있다

중국 역시 우리나라처럼 디디추싱의 등장과 확산에 택시업계의 반발이 거셌다. 그러나 중국 정부는 디디추싱에 별다른 규제를 하지 않았다. 디지털 혁명 시대에 디디추싱은 중국이 앞서서 이끌어나가야 할 이상적인 디지털 비즈니스 모델이라 판단한 것이다.

중국 정부의 판단대로 디디추싱이 가져온 경제적 가치와 사회적 가

치는 매우 컸다. 오랫동안 문제가 되었던 중국 대도시의 택시 부족 현상을 속 시원히 해결해주었고, 더불어 기존 택시업계의 자발적인 서비스 향상까지 이끌었다. 또한, 디디추싱의 공급자인 국민 드라이버들에게 새로운 부가가치를 만들어주었을 뿐만 아니라 해외 진출로 국익에도 큰 도움을 주었다.

물론 우리나라 정부가 중국과 같은 사회주의 체제의 정부처럼 "무조건 따르라"라고 외칠 수는 없다. 그렇다고 이리저리 눈치만 보며, 가야 할 길을 모른 척 외면할 수도 없다. 반드시 나아가야 할 길이라면 흔들림 없이 나아가되, 현명하게 나아가야 한다.

혁신의 또 다른 이름은 파괴다. 기존의 것을 깨부수지 않으면 혁신은 힘들다. 그러나 당장 눈앞의 과제로 주어진 디지털 혁신을 기회로 생각하며 적극적으로 변화하는 사람만 있는 것은 아니다. 디지털로의 전환이 어려운 계층도 있다. 그리고 지난 산업사회를 온전히 무시할 수는 없다. 타다도 생각해야 하지만 기존 택시 노동자도 생각해야 한다. 배달 앱도 생각해야 하지만 동네 상권에 의지하는 소상공인도 잊어서는 안 된다.

혁신만을 외치며 기존의 것을 무조건 파괴해서도, 기존의 것을 지키려 혁신을 거부해서도 안 된다. 어느 한쪽의 일방적인 희생을 강요하기보다는 디지털 사회와 기존 산업사회와의 아름다운 결별이 필요하다. 디지털 혁신을 적극적으로 이끌고 지원하되 산업사회에 머무는 사람들을 소외가 아닌 포용으로 함께 이끌고 가는 것이 국가의 역할이다.

디지털 세상,
정부부터 진화하자

불과 몇 년 전까지만 해도 대한민국은 자타가 공인하는 IT 강국이었다. 1990년대 말에 인터넷망을 구축한 이후로 확연하게 향상된 정보 접근성은 정보통신기술ICT 발전의 촉매가 되었고, 전자정부 및 ICT 발전지수 세계 1위(2016년 국제전기통신연합)의 국가가 되어, OECD 국가 중 가장 빠른 인터넷 속도를 자랑하게 되었다.

현재 세계가 마주하고 있는 디지털 혁명은 단순히 인터넷 속도로만 성패가 결정되지 않는다. 모든 사람과 사물이 다양한 방식으로 연결되고, 엄청난 양의 데이터가 끊임없이 수집 및 축적되고 있다. 그리고 이것을 분석하고 활용하여 더 빠르게 실행하고 보다 올바르게 의사결정을 내릴 뿐만 아니라 새로운 부가가치를 창출하는 시대로 바뀌고 있다. 데이터가 주도하는 '초연결 지능형 네트워크' 사회가 눈앞에 다가오고 있다. 이러한 혁신적인 변화와 마주하며 대한민국은 이제 IT 강국을 넘어 디지털 강국으로 도약할 수 있을지에 대한 근원적인 점검이 필요한 때다.

'초연결 지능형 네트워크'는 그동안 데이터의 볼륨과 이동속도의 한계로 불가능했던 많은 것들을 현실화하고 있다. 데이터와 인공지능이 융합된 자율주행차, 스마트시티, 스마트홈 등 혁신적인 서비스가 출현하고 있다. 세계적인 선진국들은 차세대 지능망의 중요성과 영향력을 인식하고 있기에 모든 사람과 사물을 신경망과 같이 연결하는 '초연결 지능형 네트워크' 구축을 위한 인프라와 데이터 정비에 사활을 걸고 있다. 우리나라 역시 2018년 말에 5G 무선이동통신을 세계 최초로 개통하는 등 차세대 네트워크 구축을 위해 박차를 가하고 있다.

그렇다면 '초연결 지능형 네트워크'라는 인프라가 완성되었을 때, 그 인프라를 타고 달릴 최고의 자원인 양질의 데이터는 얼마나 잘 준비되고 있을까? 안타깝게도 현실에선 지금 이 순간에도 쉴 없이 생산되는 국가 데이터, 공공 데이터, 중요 지식자산들이 통합 관리되지 않아 유무형의 큰 손실이 발생하고 있다.

대한민국 정부는 2017년 7월에 대한민국 정부 대표 포털사이트인 '정부 24'를 개통했지만 "근본적인 고민이 부족한 단선적 기능개선"이라는 지적을 받아야 했다. 까다로운 인증체계와 로그인 체계가 개선되지 않아 정보 접근이 불편한 데다, 정책에 대한 설명이 부족하여 이용자들의 불만이 컸다. 2013년에 개통한 공공 데이터 포털의 경우도 이를 이용하는 스타트업이나 중소기업들이 "양은 많지만 쓸만한 데이터가 없다"며 불만을 토로했다. 이제는 단순히 데이터의 양적인 축적을 넘어 이것을 유의미하고 가치 있게 활용하는 과학적이고 분석적인 접근이 필요하다.

세계적인 디지털 선진국들과 비교할 때 우리나라는 유독 디지털 정부로의 전환이 더딘 편이다. 피할 수 없는 변화의 물결과 직면한 상황에서 앞장서서 선도하고 모범을 보여야 할 정부가 2020년이 되어서야 겨우 "디지털 정부로의 전환을 위해 서두르겠다"는 발표를 내놓은 상황이다.

국민이 쉽고 편리하게 활용하도록 공개한 공공 데이터의 경우만 하더라도 '쉽고 편리한' 것과는 다소 거리가 멀다. 현재 우리나라는 정부 부처마다 개별적으로 접속해야 검색이 가능하다. 예컨대 국방부에 들어가서 정보를 검색하다가 교육부로 가려면 교육부 홈페이지에 다시 접속해서 들어가야 한다. 게다가 이는 정부 부처 홈페이지만의 문제가 아니다.

우리나라 17개 시도 모두에는 발전연구원이 있는데, 같은 연구 프로젝트일지라도 각 연구원의 연구 과정과 결과 등에 대한 상호비교가 되어있지 않다. 몇 해 전 정부는 중앙부터 지방단체까지 '대한민국에 가로수의 수종을 무엇으로 할 것인가'에 대한 연구의 용역을 준 적이 있다. 엄청난 예산을 쏟아부은 연구였음에도 이들의 연구 과정이나 결과에 대한 비교와 상호 분석 자료는 어디에도 없다. 개별로 맡은 프로젝트이니 개별로 결과물을 정리해두고 있는 탓이다.

데이터는 많이 쌓아둔다고 좋은 것이 아니다. 마치 정리되지 않은 냉장고처럼 이리저리 쌓인 데이터는 필요할 때는 막상 찾기도 힘들고 찾더라도 어찌 활용해야 할지 난감할 때도 많다. 데이터가 유용한 정보로서 가치를 가지려면 우선 수집 단계부터 분명한 목적이 있어야 한다. 그래야 수많은 데이터 속에서 의미 있는 데이터를 가려내는 수고

와 시간을 절약할 수 있다. 데이터는 목적에 맞게 잘 분류하고 분석하고 연결하는 등의 일련의 가공과정을 거쳐야 하는데, 이를 위해 필요한 것이 디지털 기술이다.

국가 예산만 해도 그렇다. 예를 들어 다문화가정을 지원하는 국가 예산의 경우에 문화체육관광부, 행정자치부 등 여러 부서에 예산이 배정된다. 디지털 기술을 활용하면 이렇듯 각 부서에 흩어져서 배정된 예산의 규모 및 사용처와 금액, 사용 효과 등을 한눈에 파악할 수 있다. 게다가 이 예산을 A라는 부분에 사용했을 때 예측되는 효과, B라는 부분에 사용했을 때 예측되는 효과를 모형 모델로 만들어 미리 알 수 있고 서로 비교 분석할 수도 있다.

인공지능과 빅데이터를 기반으로 한 디지털 기술의 발달은 인간이 그것을 어떻게 활용하느냐에 따라 무용지물이 되기도 하고, 끝없이 새로운 가치를 생산해내 인간의 삶을 더욱 편리하고 풍요롭게 만들기도 한다. 이렇듯 과학기술이 그 발판이 될 수 있음에도 그것을 활용할 의지가 부족해 국민을 더 편리하고 풍요로운 삶으로 이끌지 못한다는 것은 있을 수 없는 일이다.

캐나다 국립과학도서관NSL은 국립연구위원회NRC 및 전 세계의 연구 정보에 접근할 수 있는 통합 포털서비스를 제공하고 있다. 그리고 연방과학도서관이 제공하는 서비스도 동시에 이용할 수 있다. 전 세계 어디서도 가입 절차 없이 검색창에 키워드를 입력하기만 하면 검색이 가능하다.

영국의 경우, 몇 년간의 준비를 거쳐 지난 2011년에 '디지털서비스청'을 신설했다. 2017년부터는 25개 정부 부처와 376개 정부 기관의 웹사이트를 하나로 통합해 모든 정책, 공지사항, 간행물, 통계정보 등을 단일 창구를 통해 서비스하기 시작했다. 영국은 2016년에 UN 전자정부 평가에서 최초로 1위를 차지했다. 호주, 싱가포르 등도 영국을 벤치마킹해 디지털 전담 조직을 운영하기 시작했다.

'구슬이 서 말이라도 꿰어야 보배'라는 말처럼 아무리 데이터가 많아도 그것에 접근하기가 수월하지 않거나 활용하기 어렵다면 의미가 없다. 양질의 풍부한 데이터가 최고의 가치를 가지게 하려면 무엇보다 데이터에 접근하기 편리해야 한다. 그리고 축적된 데이터가 서로 연결되어 새로운 가치를 창조하고 발견하는 일이 수월해지는 시스템적 기반을 갖춰야 한다. 데이터 혁명의 시대를 맞아 정부는 이러한 부분에 앞장서서 모범을 보이고 공공 데이터에 편리하게 접근하고 이를 잘 활용할 수 있게 하는 기반을 탄탄하게 닦아주어야 한다.

●

파편화된 데이터는
무용지물

다가올 미래에는 사물인터넷^{IoT} 기술의 발전으로 데이터가 '직접입력'
이라는 인위적 개입 없이 '센싱^{Sensing}'으로 생산·구축되며 네트워크를
통해 공유되고 유통될 것이다. 그러나 기존의 아날로그 데이터나 표준
없이 파편화된 수많은 지식은 새로운 네트워크에서는 무용지물이 될
수 있다.

국가는 물론이고 전 세계가 끊어짐 없이 원활하게 데이터를 주고받
으며 초연결을 이루려면 기존의 아날로그 데이터를 표준화된 방식의
디지털 데이터로 전환하고, 디지털 기술을 산업과 사회 전반에 적용하
는 등의 디지털 전환^{Digital Transformation}의 혁신이 필요하다. 또한, 모든 부
분의 데이터와 지식이 연결체계를 넘나들며 융합될 수 있는 플랫폼 마
련도 시급하다.

철도산업의 예를 보면, UN에서는 유럽과 아시아를 연결하는 완전
한 철도망을 만들기 위해 1960년대에 아시아횡단철도^{Trans-Asian Railway;}
^{TAR} 프로젝트를 기획했다. 하지만 나라마다 제각각인 궤도 폭으로 인
하여 아직도 제자리걸음인 상태다. 이러한 문제는 데이터 세계에서도
벌어질 수 있는 일이다.

통합된 관점의 표준 없이 서로 제각각의 형식으로 존재하는 데이터

를 융합하려면 추가적인 비용과 불필요한 시간이 들 수 있으며, 비표준화된 데이터의 범람은 데이터 간 연결을 저해할 뿐만 아니라 왜곡된 분석을 낳아 그릇된 결론으로 인도할 위험이 있다.

가장 먼저 고민할 것은 실험, 이론, 컴퓨팅, 데이터 중심으로 진화하는 R&D 패러다임의 변화에 따른 연구 데이터의 관리다. 주요 선진국은 연구 데이터의 경제적 가치를 알고 국민이 자유롭게 접근하여 경제적 이득은 물론 새롭게 가치를 창출할 수 있도록 지원하고 있다. 우리나라도 모든 종류의 과학적 지식과 연구 데이터를 디지털 자산화하고 개방·공유하여 연구자부터 일반 국민까지 쉽게 접근하고 활용할 수 있도록 함으로써 공동연구를 촉진해야 한다.

지금까지 수많은 데이터가 생산되고 구축되어왔지만 디지털화되지 않은 데이터도 있을 것이며, 디지털화되었다고 하여도 분야별로 파편화되고 제각각인 형태로 존재한다. 이러한 데이터는 인공지능의 학습 및 고도화를 위해서라도 초연결 지능형 네트워크에 맞는 데이터로 변환되어야 한다.

우리나라는 1990년대 초 금융실명제를 통해 사회 투명성과 선진화의 기반을 구축했고, 1990년대 말에는 인터넷망 구축을 통해 미래로 가는 길을 열었다. 지금 대한민국은 그때보다 더 절박한 각성과 실행이 필요하다. 국가 차원의 데이터베이스 시스템 구축에는 어느 정도 성공했지만, 이제 그것과는 차원이 다른 세상이 눈 앞에 펼쳐지고 있기 때문이다.

　지능정보사회로의 변화에 대비해 기존 데이터를 '초연결 지능형 네트워크'에서 자유롭게 공유되고 유통될 수 있는 데이터로 전환함으로써 우리의 산업과 데이터 경쟁력을 높이고, 우리 경제가 필요로 하는 일자리 창출에도 기여할 수 있다. 또한, 재탄생된 데이터들이 새로운 기술과 영역에서 활용되고 융합될 때 우리가 기대하지 못했던 값진 결과를 낳을 수 있을 것이다. 이것이 데이터의 힘이다.

　눈앞으로 성큼 다가온 혁신적 미래는 우리에게 시행착오를 되풀이할 기회조차 주지 않는다. 이전의 산업화 과정처럼 시행착오를 통해 개선하고 발전해서는 경쟁력을 잃을 수밖에 없다. 따라서 정확히 판단하고 차질 없이 수행해야 한다. 이를 위해선 디지털 혁명 시대의 초연결 지능형 네트워크에 적합한 데이터 체계를 마련할 수 있도록 국가 차원의 데이터 거버넌스를 수립하고 운영할 '데이터청'과 같은 컨트롤 타워를 신설해야 한다.

　이제 세상의 변화에 맞춰 우리의 운영체계를 미래지향적으로 재편해야 한다. ICT 표준의 일부로 데이터를 다루거나 혹은 단순히 '센싱'을 하는 기계 간 연결을 위한 것이 아니라 사람과 사물, 공간 등 모든 것들이 데이터로 서로 연결되고 네트워크를 바탕으로 상호 유기적인 소통을 하는 미래사회를 고려한 거버넌스가 반드시 수립되어야 한다. 더불어 '초연결 지능형 네트워크' 아래 원활하게 데이터가 활용될 수 있는 미래를 만들기 위해 국가 지능망 시스템을 전면적으로 손봐야 한다.

디지털 기술로
스마트한 정책을

2018년 2월, '주 52시간 근무제'를 포함한 근로기준법 개정안이 여야 국회 환경노동위원회에서 만장일치로 의결되었고, 다음날 국회 본회의에서 통과되었다. 이어서 2018년 7월, 종업원 300인 이상의 사업장과 공공기관에 기존의 주당 법정 근로시간을 68시간(평일 40시간+평일 연장 12시간+휴일근로 16시간)에서 16시간 단축된 52시간(법정근로 40시간+연장근로 12시간)으로 제한하는 주 52시간 근무제가 시행되었다. 그리고 50~299인 사업장은 2020년 1월 1일부터, 5~49인 사업장은 2021년 7월 1일부터 해당 법을 적용한다.

이는 근로기준법에 명시된, 근로자를 보호하기 위한 강행 규정이기에 노사 간에 합의가 이루어졌더라도 그 이상의 시간을 일할 수는 없다. 따라서 이를 위반할 경우, 사업주는 징역 2년 이하 또는 2,000만 원이하 벌금형에 처하게 된다. 단, 종업원 5인 이상의 모든 사업장에 주 52시간제가 전면 시행되는 2021년 7월부터 2022년 12월 31일까지 1년 6개월간은 종업원 30인 미만의 사업장에 제한하여 노사가 서로 합의한 경우에 특별연장근로 8시간을 허용하기로 했다.

근로자의 삶의 질적 향상을 위해 근로시간을 줄여가는 것은 필요한 정책이긴 하나 사업장의 규모나 성격에 따라선 아직은 시기상조인 경우도 있다. 종업원 300인 이상의 대규모 사업장과 공공기관의 경우에는 주 52시간 근무제가 반갑겠지만 중소기업과 벤처기업 등의 반응은 다르다.

종업원 수가 적고 영세한 중소기업의 경우 제한된 조직 안에서 기술개발, 생산, 마케팅, 품질관리 등등 대기업에서 하는 대부분의 일을 모두 해내야 한다. 가뜩이나 부족한 인력에 근로시간까지 제한을 두면 곤란을 겪을 일이 한두 가지가 아니다. 게다가 근로시간의 단축은 근로자의 임금삭감으로 이어지니 근로자들 역시 마냥 반가울 수만은 없다.

그뿐만 아니다. 발 빠른 실행력과 속도감 있는 생산력을 요구하는 벤처기업의 경우 근로시간 단축은 큰 위기를 몰고 올 위험까지 있다. 특히 스타트업은 시장을 개척하고 제품과 서비스의 지속적인 업그레이드를 위해 업무의 역동성이 크게 강조되고, 빠른 성과 창출을 위해 업무에 몰입해야 하는 경우가 많다. 그 때문에 주 52시간 근무제라는 경직된 규제는 자칫 스타트업의 열정과 성과에 걸림돌이 될 수 있다. 실제 조사 결과에서도 국내 스타트업의 57%가 주 52시간 근무제에 대한 준비가 안 된 상태이며, 규제의 완화가 필요하다고 응답했다.

이렇듯 기업의 규모나 성격에 따른 고려 없이 일괄적으로 주 52시간 근무제를 적용할 경우 크고 작은 문제가 발생할 수 있기에 적응할 수 있는 기간을 충분히 두어 기업과 근로자들의 충격을 줄여야 한다. 즉, 무조건 주 52시간 근무제를 강요하는 것이 아니라 이 제도가 제대로 자리 잡을 때까지 충분한 관리가 필요하다.

에베레스트를 오를 때도 한 번도 쉬지 않고 단숨에 정상에 이르지 못한다. 제1 캠프, 제2 캠프, 제3 캠프 등 정상에 오르기까지 여러 개의 캠프를 중간에 두어 단계별로 목적지를 정해두고 이를 거쳐 최종 목적지에 다다른다. 전 국민을 대상으로 한 국가의 정책은 이보다 훨씬 더 그 과정이 치밀하고 정교하게 설계되어야 한다. 그래야 모두에게 득이 되는 정책이 될 수 있다.

탈脫원전 정책도 마찬가지다. 2017년, 우리 정부는 탈원전 정책을 발표했다. 원자력은 가성비가 좋은 발전 방식 중 하나지만 엄청난 양의 방사능 폐기물을 처리하는 데 드는 비용과, 생명력을 다한 원전 시설을 해체하는 데 드는 비용 등을 생각하면 오히려 비싼 에너지원일 수 있다. 게다가 체르노빌과 후쿠시마 원전 사고는 막대한 인명 피해와 재산 손실을 일으켰기에, 탈원전 정책에는 만에 하나 있을지도 모를 위험의 불씨를 사전에 없애자는 취지도 있다.

2018년 OECD 회원국의 원자력 에너지 소비가 0.6% 증가한 데 비해 우리나라는 원자력 에너지의 소비량을 세계에서 가장 많이 감소시켰다. 그럼에도 불구하고 탈원전 정책은 정치권이나 국민 사이에서 여전히 찬반 논쟁이 거세다. 특히 탈원전으로 인해 충분한 전력 공급이 어려워져 전기요금이 과도하게 상승할 것을 염려하는 목소리가 크다.

원자력발전소의 평균수명은 40년 정도다. 이 기간이 지나면 수명을 연장하여 운전하는데, 우리나라는 탈원전 정책에 따라 평균수명이 다한 원전은 수명연장을 하지 않고 그대로 철거하고, 신규로 원전을 짓지 않음으로써 일정 시기가 되면 완전히 사라지도록 하는 계획이다. 물론 이렇게 줄어든 원전만큼 대체 에너지로 전환하여 부족한 전기에너지를 채워야 한다.

문제는 여기서 그치지 않는다. 오랫동안 우리나라는 전력 생산을 석탄 화력에 의존해왔다. 화력, 원자력, 수력, 풍력 등의 대표적인 발전 방식 중 화력이 가장 가성비가 좋기 때문이다. 그러나 미세먼지와 같은 환경오염 문제로 석탄을 원료로 하는 화력발전소의 비중을 줄이고 원자력발전소를 증설하거나 태양광, 풍력, 조력과 같은 재생가능에너지로 대체하는 것이 세계적인 추세다. 우리나라 역시 정부의 탈원전 정책과 더불어 탈석탄 정책도 함께 추진하고 있다. 상대적으로 저렴하다고 여겨졌던 국가 주력 에너지 2개가 한꺼번에 사라지니 그것이 가져올 이점과는 별개로 국민은 전기요금 상승에 대한 염려를 지울 수 없다. 특히 원전처럼 당장 그 피해가 드러나지 않는 발전시설을 없애는 것에 대해 반대의 목소리가 거세질 수밖에 없다.

이처럼 정부가 추진하는 정책 중에는 단계별로 세분화한 목표가 필요한 경우가 많다. 최종 목표를 정하고 한꺼번에 목적지를 향해 달리는 것이 아니라 단계별로 목표를 정해서 첫 번째 단계로의 조건이 충족되면 다음 단계로 나아가고, 또 두 번째 단계로의 조건이 충족되면 그다음 단계로 나아가면서 결국 최종 목적지까지 가는 것이다. 이를 위해서는 정책의 모형 모델이나 수치화된 모델을 만드는 것이 아주 중요하다. 정책 실행에 따른 리스크를 최소화할 수 있을 뿐만 아니라 이를 근거로 하여 국민과 소통하고 공감을 유도할 수도 있다.

　연구 결과에 따르면, 뛰어난 실력을 갖춘 세계적인 야구 감독 중에는 이른바 '촉'이라는 감각에 의존한 의사결정보다는 데이터에 근거한 전략을 수립하는 경우가 더 많다고 한다. 이처럼 정부의 정책도 하느냐 마느냐, 하면 어떻게 할 것인가에 대해 여당과 야당이 옥신각신하며 논쟁만 할 것이 아니라 디지털 기술을 활용하여 스마트한 정책 결정을 내릴 필요가 있다. 더 정확한 데이터를 기반으로 의사결정을 한다면 그만큼 의견 충돌을 줄일 수 있고, 실제로 적용했을 때 실패나 실수의 확률을 확연히 떨어뜨릴 수 있다.

4장 ——————————————————— 교육,
질문하는 교육으로 전환하라

경상남도 김해시 진영읍 본산리 봉하마을,
그리고 강원도 평창군 평창읍 천변리.

노무현 대통령과 나는 시골 출신이라는 큰 공통점이 있다.

인간의 삶에서 교육이
가장 강력한 계층 이동의 사다리임을 몸소 겪었기에
둘 다 교육에 대한 남다른 애정이 있었다.

"한국의 미래 키워드가 무엇입니까? 교육입니다!
첫째도 교육, 둘째도 교육, 셋째도 교육입니다."

노무현 대통령이 강조했듯이
대한민국에도 '교육 대통령'이 나와야
비로소 선진국이 될 수 있다.

교육은 나에게도 늘 최대 관심사다.
국회의원 시절 강원도 전역을 돌면서
지자체 수입의 10%를 교육에 투자하자는 운동을 벌인 적이 있다.
강원도 18개 시·군 모두 동참했고
관련된 조례가 통과된 적이 있다.

인간이 행복하고 나라가 잘되는 길 하나를 선택하라고 하면,
나는 주저 없이 '세계 최고의 교육'을 제공하는 것이라고 답할 것이다.

교육이
국력을 이끈다

모든 사람은 저마다의 타고난 재능과 역량이 있다. 그리고 그것을 갈고 닦아 더욱 빛나게 하여, 나와 모두를 위한 에너지로 쓰이게 하는 것이 '교육'이다. 나는 교육에 대한민국의 미래가 있다고 믿는다. 교육을 통해 지식과 지혜가 나오고, 이를 씨앗으로 하여 경제와 문화, 정치 등 우리의 삶도 힘차게 성장한다.

"나는 우리나라가 세계에서 가장 아름다운 나라가 되기를 원한다. 가장 부강한 나라가 되기를 원하는 것은 아니다. 내가 남의 침략에 가슴이 아팠으니 내 나라가 남의 나라를 침략하는 것을 원치 아니한다. 우리의 부력^{富力}은 우리의 생활을 풍족히 할 만하고 우리의 강력^{强力}은 남의 침략을 막을 만하면 족하다. 오직 한없이 갖고 싶은 것은 높은 문화의 힘이다"

김구 선생의 백범일지 '나의 소원'이란 글에 나오는 구절이다. 이 글에서도 알 수 있듯이 그는 우리나라가 문화강국이 되기를 희망했다. 나라를 빼앗길 절체절명의 위기 상황에서 그는 왜 부국강병이 아닌 문화를 강조했을까? 문화야말로 진정한 부국강병을 이끌 근원이라는 것을 알았기 때문일 것이다.

나는 김구 선생이 말하는 문화가 음악이나 미술, 드라마, 영화, 춤과 같은 예술이나 의복, 음식 등의 행동 양식에 국한된 것은 아니라고 본다. 문화는 다른 민족이나 국가와 구분되는 고유의 산물인 동시에 일시적인 부력富力이나 강력强力에 흔들리지 않는 단단한 뿌리이자 그 자체로 강력한 힘이 되는 창의적 자산이다. 이러한 관점에서 볼 때, 김구 선생이 말한 '문화'는 '지혜와 지식'이라 해석해도 무방할 것이며, 또한 그것은 '교육'에서 비롯된다.

"국력은 경제력이고, 경제력은 기술력이고, 기술력은 교육에서 나옵니다."

내가 강연을 할 때마다 매번 강조하는 말이다. 이 말을 역으로 따라가면, 교육이 부강한 국력을 만든다는 의미가 된다. 이렇듯 교육의 필요성과 중요함에 대해선 당연히 고개를 끄덕이지만, 과연 현재 대한민국의 교육이 기술력이 되고 경제력이 되고 국력이 되는 교육인가에 대해선 선뜻 고개를 끄덕일 수가 없다.

지금껏 우리나라의 교육은 세상에 이미 나와 있는 지식과 정보들을 더 많이 주입하는 데 몰두해왔다. 교사가 학생들에게 교과서에 적힌 지식과 정보를 설명하고 읽어주면 학생들은 무조건 그것을 머릿속에

밀어 넣어야 했다. 그리고 누가 더 많이 외우고 기억하느냐에 따라 성적이 평가되고 등위가 매겨지며, 대학 진학은 물론이고 사회적 지위까지 결정되었다.

열심히 일하고 부지런히 움직이면 그에 비례해 성과가 창출되는 것은 대량생산을 위한 공장제 기계공업을 하던 과거의 산업사회에서나 가능한 이야기다. 안타깝게도 옳은 것과 그른 것을 가려내고, 선택지 중에서 정답을 찾는 주입식·암기식 교육은 이제 그 수명을 다했다. 빅데이터로 무장한 인공지능이 인간보다 더 빠르고 정확하게 계산하고 정답을 가려내기 때문이다. 덕분에 주입식·암기식의 구시대 교육으로 현재의 위치에 이른 사람들은 더는 설 자리가 없다. 열심히 일하고 부지런히 움직이며, 심지어 정답을 찾는 것조차 이젠 인공지능과 로봇이 인간을 능가한다. 이제 인간은 이전의 방식과는 전혀 다른 새로운 방식으로 설 자리를 만들어야 한다.

변화한 디지털 산업 경제에서는 교육을 통해 스스로 생각하는 힘을 키워야만 교육이 기술과 산업을 견인할 강력한 에너지로 쓰일 수 있다. 교육이 기술력이 되고 경제력이 되고 국력이 되기 위해서는 주어진 선택지 안에서 정답을 찾는 교육이 아닌 백지 위에 여러 다양한 답을 창조해내는 교육이 필요하다. 이미 세상에 나온 지식과 기술이 아닌 새로운 지식과 기술을 만드는 창의력과 사고력, 융합의 능력을 키우는 교육이 필요하다. 인공지능과 로봇에 밀려나는 것이 아닌, 그것을 활용하여 이전과는 전혀 다른, 그리고 더 나은 것을 창조해내는 힘을 키우는 것이 바로 교육이다.

디지털 세상,
교육에도 새로운 룰이 필요하다

부모의 부^富가 자식의 삶에 대물림되는 현상이 두드러지면서 우리 사회의 불평등에 대한 지적과 비판의 목소리도 점점 높아지고 있다. 계층을 넘어 계급이 존재한다는 생각이 들 정도로 빈부격차에 따른 삶의 질이 확연히 차이가 나고, 그로 인한 사회적인 대우마저도 달라지니 너나없이 모두 성공을 꿈꾸고 부자가 되기를 희망한다.

나의 가난과 힘겨움을 자식에게 대물림하지 않기를 바라며 우리나라 부모들의 대부분이 교육에 집착한다. 교육이 내 자식을 나와는 다른 세상으로 데려다줄 것이라 믿기 때문이다. 그러나 이마저도 바람에 그칠 뿐, 돈 없이는 교육조차도 마음껏 할 수 없는 것이 현실이다.

'돈이 교육의 기회를 주며, 교육이 계급을 잉태한다'는 논리는 다소 과장된 듯하지만, 아니라고 완강히 부정할 수도 없다. 부모의 경제력이 높을수록 수준 높은 과외나 유명 학원, 유학 등 양질의 교육을 받을 기회가 더 많이 주어진다. 좋은 교육을 받으면서 성실하게 공부한다면 이는 곧 좋은 직장과 직업으로 이어질 수 있다. 이것은 우리 주위에서 어렵지 않게 볼 수 있는 공식이다. 게다가 좋은 직장과 직업은 높은 소득의 보장으로 이어져 반대의 상황에 놓인 이들과의 삶의 질의 격차로 이어진다. 결국 돈과 연결된 교육은 '계급'의 격차가 고착화하는 것을 부추기고, 이는 또 다른 사회 갈등으로 이어질 위험이 크다.

허리띠를 졸라매서라도 내 자식만큼은 더 많이 가르치려 애쓰는 우리나라 부모의 높은 교육열이 무슨 문제이겠는가. 문제라면, 가정경제에 위협이 될 만큼의 적지 않은 돈이 들어가는 우리나라의 사교육 문화가 문제일 것이다.

돈이 교육의 기회를 주며, 교육이 계급을 잉태한다는 공식을 깨기 위해서는 무엇보다 돈이 교육의 기회로 이어지는 공식부터 깨부수어야 한다. 이를 위해서는 부모의 경제력과 무관하게, 가난한 집의 자식이든 부유한 집의 자식이든 누구든 최고의 교육 혜택을 받을 수 있는 사회 시스템을 만들어야 한다.

엔진이라는 기술을 활용해 제품을 생산하던 산업사회에서는 하나의 제품을 만들려면 반드시 그에 상응하는 재료를 투입해야만 했다. 교육도 크게 다르지 않았다. 공교육이든 사교육이든 학생을 가르치는 교육자가 필요하고, 교과서와 참고서, 문제집 등도 필요하다. 그리고 이 모든 것은 그에 상응하는 비용이 발생한다.

교육의 불평등이 삶의 질적인 불평등으로까지 이어지는 것을 막기 위해서는 정부 차원의 대대적인 교육개혁이 필수다. 즉, 교육을 모든 국민이 차등 없이 골고루 받을 수 있게 해주어야 한다. 공교육이 그 역할을 한다지만 적지 않은 부모들이 없는 돈까지 끌어모아서 자녀들의 사교육을 지원하는 것을 보면 공교육이 썩 만족스럽지 못하다는 의미일 수 있다.

교육의 불평등을 해소하기 위해서는 무엇보다 무상으로 혹은 저렴한 비용으로 제공되는 공교육의 질을 혁신적으로 끌어올려야 한다. 그리고 공교육이 현재의 사교육 영역까지 충분히 채울 수 있도록 다양한 방식으로 확대되어야 한다.

이러한 방안이 교육 불평등을 해소할 좋은 해결책임에도 기존의 산업사회 구조에서 실현하기 쉽지 않았던 것은 앞서 말한 비용 발생의 문제 때문이다. 국가가 공교육의 영역을 확대하면 그만큼의 비용을 국민의 세금으로 충당해야 하니 결국 그에 따른 경제적 부담을 국민이 나누어서 지는 셈이다.

혁명과도 같은 디지털 기술의 발달은 과거의 공식으로는 불가능하게 여겨지는 일을 가능하게 만들었다. 돈이 있든 없든, 모두가 최고의 교육 혜택을 받을 수 있는 사회 시스템을 만드는 것 또한 디지털 기술을 활용한다면 충분히 가능한 이야기다.

디지털 기술의 발달은 교육에도 큰 변화를 가져왔다. 인터넷과 네트워크를 통해 일면식도 없는 낯선 사람들이 정보와 지식을 공유하고, 빅데이터와 인공지능의 딥러닝을 기반으로 지식이 자동생성되고 자유롭게 공급되는 등 기존의 '교실'과 '학생', '교사'라는 필수 3요소가 사라진, 전혀 새로운 형태의 교육이 등장하고 있다. 이러한 기술적 변화를 적극적으로 활용하여 현재 우리 사회에 깊이 뿌리내린 교육 불평등 현상과 그에 따른 사회적 갈등을 해결하는 묘안을 찾는 것이 정부의 과제다.

과거 농경시대에는 쌀과 소금이 가장 강력한 공공재였다. 산업문명 시대에는 상하수도나 전기, 철도 등이 최고의 공공재였다. 디지털 문명 시대의 핵심 공공재는 다름 아닌 '지식'이 될 것이다. 디지털 혁명의 시대에 데이터, 즉 지식과 정보는 자동생성되기 때문에 이것을 누구든 언제든 무제한으로 공급받을 수 있게 해주어야 한다. 더군다나 과학기술과 지식이 경제 발전의 추동력인 지식경제 시대가 도래했기에 돈이 있는 사람이 아닌 의지와 열정이 있는 사람이라면 누구나 지식과 정보를 마음껏 활용하고 최고의 교육을 통해 창의적이고 혁신적인 결과물을 만들어낼 수 있어야 한다. 이를 위해선 교육을 근본적인 국가 과제로 삼고, 모두에게 최대한의 교육 기회가 주어질 수 있게 하는 국가 차원의 시스템을 구축해야 한다.

●

교육개혁,
근본부터 바로잡아야

농사지을 땅을 팔고 빚을 얻어서까지 자녀의 학원비와 대학 등록금을 마련할 정도로 우리나라는 세계 최고의 교육열을 자랑한다. 그러나 아이러니하게도 우리나라 교육제도의 문제점과 교육 효과에 대한 지적은 끊임없이 이어져왔다. 특히 디지털 산업으로의 혁신적인 변화와 맞물려 입시 중심의 주입식·암기식 교육의 한계와 문제점이 극명하게 드러나면서 교육개혁을 요구하는 목소리도 거세지고 있다.

교육개혁은 단순히 교과과정을 바꾸고 입시제도를 개선한다고 해결되는 문제가 아니다. 대학 간판으로 삶의 등급이 매겨지는 학벌 위주, 성적 위주의 문화가 사라지고 개개인의 재능과 창의적 능력을 존중하는 문화가 뿌리내려야 한다. 자아실현과 성공을 위해 대학 진학은 필수가 아닌 선택의 영역이 되어야 하며, 성적에 맞춘 대학 진학이 아닌 개인의 적성과 소질에 맞춘 진로 선택이라야 한다. 대학을 나오든 나오지 않든 임금이나 승진에 차별을 받지 않으며, 자신의 분야에서 전문성을 갖춘 사람이 인정받을 수 있어야 한다. 이처럼 교육의 결과를 바꾸지 않으면 교육의 과정과 목표는 결코 바뀔 수 없다.

창의 교육의 중요성을 설파하기 이전에 창의적 인재가 재능을 꽃피울 수 있는 사회구조를 만들어야 하며, 입시나 시험처럼 교육의 결과를 평가하는 제도 역시 정답을 강요하는 것이 아닌 다양성을 인정하는 열린 문제로 채워져야 한다. 이를 위해서는 기존의 암기 위주의 방식을 극복해나가는 교육 시스템의 혁명적인 전환이 필요하다. 정답을 주입하고 암기하는 교육이 아닌 질문을 통해 답을 찾는 과정에서 생각을 키우고 꺼내는 교육으로 바뀌어야 한다.

디지털 산업 경제 시대를 맞아 창의력과 사고력의 중요성이 크게 대두되고 있는 요즘, 논술과 토론 위주의 탐구학습과 논술형 평가를 통해 생각의 힘을 키우는 IB*가 세계적인 주목을 받고 있다. IB는 2019

---

* IB(국제 바칼로레아, International Baccalaureate): 국제 비영리 교육단체인 IBO가 운영하는 국제적인 교육 시스템이다.

년 3월 기준으로 전 세계 153개국의 5,288개 학교가 시행하고 있다. 일본의 고등학교 100여 개가 이미 이 시스템을 도입했고 우리나라도 제주도와 송도의 국제학교, 경기 외국어고등학교 등에서 IB 교육과정을 도입하여 시행 중이며 차츰 확대해나갈 전망이다.

모든 학생이 정해진 과목을 정해진 시간만큼 들어야 하는 우리나라의 획일화된 교육과정과는 달리, IB는 언어, 제2외국어, 자연과학, 사회과학, 수학, 예술로 나뉜 6개의 영역 중에서 학생 개인이 자신의 적성과 흥미에 맞게 세부적인 수업을 자유롭게 선택할 수 있다. 자신이 흥미를 느끼고 재능이 있는 영역을 선택하여 더 깊이 탐구할 수 있기에 학생들은 강요가 아닌 스스로 공부하는 자기주도학습이 가능하며, 교육방식과 평가방식 역시 정답의 강요가 아닌 토론과 논술이기 때문에 사고력을 키우면서 다양하고 창의적인 생각을 펼쳐 보일 수 있다.

교과서에 적힌 내용을 누가 더 많이 외우고 맞히느냐의 경쟁에서 벗어나 개개인의 다양성을 인정하고 존중하는 교육이 되면 대학의 서열이 사라지고 대학 진학이 필수가 아닌 선택의 영역이 된다. 그러면 우리 사회의 오랜 고질병과도 같은 과도한 사교육 경쟁 역시 크게 줄어들 수 있다.

국가는 우수한 교육을 통해 훌륭한 재능을 가진 인재를 더 많이 배출함으로써 국가 경쟁력을 키울 수 있다. 개인은 교육을 통해 현재의 삶보다 더 나은 미래를 꿈꿀 수 있게 된다. 즉, 개인에게 교육은 사회적 이동을 가능하게 하는 훌륭한 사다리가 된다. 반면 현재 우리나라의 정답 맞히기식 교육은 사교육 열풍을 몰고 왔고, 교육이 돈을 가진 사람에게만 사다리를 내어주는 결과를 만들었다.

OECD가 발표한 자료에 의하면 우리나라 청소년이 사교육에 보내는 하루 평균 시간이 핀란드의 13배에 달했다. 과도한 사교육도 문제지만 더 큰 문제는 부모의 경제력에 따라 사교육의 혜택이 불평등하게 주어진다는 점이다. 교육부가 발표한 2017년 '초·중·고 사교육비 조사'에 따르면 월평균 소득이 200만 원 미만인 가구는 한 달 평균 사교육비를 9만 3,000원을 쓴 데 비해, 월평균 소득이 700만 원 이상인 가구는 약 5배에 달하는 45만 5,000원을 썼다. 게다가 월 소득 700만 원 이상인 가구의 83.6%가 자녀에게 사교육을 시킨 데 비해 월 소득 200만 원 미만인 가구는 그 절반 정도인 43.1%만이 사교육을 시키는 데 그쳤다.

사교육의 필요성에 대한 논란과는 별개로 교육에 대한 확고한 소신이 아닌 단순히 돈 때문에 사교육을 받지 못한다면 이 또한 사회적 불평등으로 여겨질 수 있다. 그뿐만 아니다. 부모의 소득에 비례한 불평등한 사교육 혜택과 지나치게 과도한 사교육 열풍은 자녀를 키우는 부모에겐 엄청난 부담이다. 오죽하면 은퇴 이후 소득 없이 살아야 할 세월이 40년이나 됨에도 불구하고 이렇다 할 노후대책을 세우지 못하는 것의 큰 원인으로 자녀 교육비가 꼽힐까. 상황이 이러하니 2045년이 되면 출산율 저하로 인해 부부와 자녀로 구성된 가족 유형이 전체 가족의 16% 정도에 그칠 것이라는 전망이 나오기도 했다.

이처럼 교육은 교육의 현장을 넘어 사회 전체, 즉 국민 삶의 질과 국가의 경쟁력에 막대한 영향을 미치는 만큼 혁신적인 개혁이 필수적이다. 부모의 경제력이 자식에 대한 양질의 교육으로 이어지고, 그 결과가 또다시 소득 격차와 계급 격차로 고착화하는 문제를 극복하기 위해서는 혁명적인 교육개혁이 필요하다. 또한, 교육개혁은 사고력과 논리력, 창의력에 중심을 둔 미래지향적인 방향으로 전개되어야 하며, 당장 한 치 앞이 아닌 먼 미래까지 내다보는 만년지계萬年之計의 큰 그림이 되어야 한다.

●

생각의 힘을
키우는 교육

교육의 필요성과 중요함에 대해선 누구나 같은 생각일 것이다. 그렇다면 도대체 무엇을 어떻게 가르쳐야 할까? 어떤 교육이 내 삶을 바꾸고 사회에 도움이 되는 긍정적인 에너지로 쓰일까? 세계 최고의 교육열을 자랑함에도 불구하고 그만큼의 에너지를 충분히 만들어내지 못하는 지금의 대한민국 교육 현실에서 다시 처음으로 돌아가 '무엇을 어떻게 가르칠 것인가'부터 묻지 않을 수 없다.

서양 문명의 중심지인 고대 그리스와 로마는 서로 비슷한 문화인 듯하지만 확연히 다른 지향점을 가지고 있었다. 과거 로마는 실용주의를 기반으로 하여 끝없이 새로운 기술을 만들어냈다. 인류 법의 기원이 될 정도로 뛰어난 법과 정치제도는 물론이고 수도교(하천이나 도로의 위를 건너는 상하수도를 받치기 위해 가설한 다리), 포장도로, 다리, 원형 경기장, 아파트와 같은 도로나 건축물, 토목 등에서도 실용성을 중요한 가치로 두었다. 대신 자연의 원리를 이해하고 연구하는 사상과 철학은 거의 그 토대가 형성되지 않았다. 로마인은 사상과 철학 같은 추상적 사고는 가치가 없다고 무시했기 때문이다.

반면 그리스는 철학을 중시하는 교육으로 사상을 만들어냈다. 그리스인은 우주와 세계의 본질을 궁금해하며 물질세계의 근본원리를 탐구하려 했고, 수학으로 우주의 근본원리를 설명하려 했으며, 논리학과 심리학, 수학, 과학, 물리학, 예술 등 학문의 근원이 되는 영역에서 그 원리를 공부하며 생각의 힘을 키웠다. 그 결과 탈레스, 소크라테스, 플라톤, 아리스토텔레스, 제논 등 세계적인 사상가들에 의해 위대한 사상과 학문이 탄생했다. 그러나 안타깝게도 당시 고대 그리스의 창의적인 철학과 사상은 이론에만 머물렀을 뿐 더 큰 시스템으로 진화하진 못했다.

그리스와 함께 고대 문명을 이끌었던 로마제국이 쇠퇴와 멸망을 한 데는 여러 이유가 있을 것이다. 그중 하나로, 실질적 효력을 내는 결과물을 중요시한 나머지 그 바탕이 되는 사상을 등한시한 이유를 들 수 있다. 건물이나 도로, 법 체제 등 현실에 실질적인 도움이 되는 것들을 만들어낸 로마의 실용주의적 가치가 잘못되었다고 할 수는 없다. 하지만 그 바탕이 되는 사상과 철학을 공고히 하여 위기를 극복하고 더 큰 발전과 도약을 위한 힘으로 활용하지 못한 것은 치명적인 실수였다.

교육, 그리고 그에 따른 역량과 관련해 우리나라를 그리스나 로마에 비교해본다면 단연 로마 쪽에 가깝다고 할 수 있다. 우리나라 국민은 도로나 건축물, 토목 등과 관련한 기술력도 뛰어날 뿐만 아니라 불편함이나 필요성을 느끼면 그것을 해결해줄 무언가를 만들어내는 데도 탁월한 능력을 지녔다. 퇴근 후에 술은 마시고 싶은데 음주운전은 법으로 금지되어 있으니 궁여지책으로 만든 것이 대리운전이라는 시스템이다. 각종 음식은 물론 커피와 빵, 팥빙수까지 원하는 장소로 가져다주는 배달 문화는 배달의 민족과 같은 배달 중개업을 탄생시켰다. 교통체증을 줄이고 대중교통의 활성화를 위해 정해진 거리 내에서는 기본요금만으로 여러 대중교통을 이용할 수 있는 환승 시스템도 만들어냈다. 그 외에도 외국인들이 감탄할 만한 기술과 제도들이 생활 곳곳에 깨알처럼 존재한다.

더 많이 더 빨리 만들어야 했던 대량생산의 공장제 공업화 시대엔 이러한 능력이 매우 유효했다. 여기에 남들에게 지고는 못사는 국민적인 근성까지 더해지니 이는 든든한 국가 경쟁력이 되어주었다. 그러나 여기까지다. 위기일지 기회일지 모를 디지털 산업혁명의 시대를 맞아 근원적인 변화를 꾀하지 않으면 어렵사리 전진하던 걸음을 멈추고 오히려 빠른 속도로 퇴행하는 낭패를 맞게 된다.

현재 우리에게 필요한 것은 로마형 인간과 그리스형 인간의 융합이다. 로마인의 실용적 감각과 실행력이 이미 우리가 갖춘 능력이라면 이제 그리스인의 사색과 철학의 힘을 융합해 도약을 꿈꾸어야 한다. 이를 위해서는 생각을 열어주고 창의적 아이디어들이 꽃피울 수 있도록 돕는 열린 교육이 필수적이다.

"적게 가르쳐야 많이 배운다."

다소 모순적으로 들리는 이 말은 교육 강국으로 유명한 핀란드의 교육 철학이다. 대한민국의 3배 정도의 크기이지만 국토의 70%가 숲인 핀란드가 빈곤에서 탈출해 경제 부국이 되고, 전 세계가 부러워하는 복지국가가 되기까지 그 바탕엔 교육의 힘이 있었다.

OECD 주관 국제학력평가에서 최상위권을 차지하는 핀란드는 '적게 가르쳐야 많이 배운다'는 교육 철학처럼 학교에서의 정규교육 시간은 물론이고 사교육에 들이는 시간과 비용도 한국보다 훨씬 적다.

핀란드에서는 초등학교 입학 이전에 아이에게 문자와 숫자 중심의 주입식 인지 교육을 하는 것을 엄격하게 금지하고 있다. 창의력과 사고력의 계발에 방해가 될 수 있기 때문이다. 정규 교육에서도 주입식·암기식 교육이 아닌 질문과 토론 위주의 교육으로 생각을 이끌고 자라나게 한다. 시험 역시 정답을 찾는 획일적인 방식이 아닌 자신의 생각을 말하는 열린 방식으로 치러진다.

열린 교육의 핵심은 일일이 가르치는 것이 아니라 아이들 스스로 생각을 만들어내는 힘을 키워주는 데 있다. 생각의 힘을 키우기 위해선 많이 넣으려 애쓸 것이 아니라 최소한의 것만 넣어 더 많은 것이 나오도록 이끌어야 한다.

●

창의적 질문이
혁신경제를 연다

세계에서 가장 똑똑한 민족으로 손꼽히는 유대인은 세계 인구의 0.2%도 되지 않지만 다양한 영역에서 탁월한 저력을 발휘하고 있다. 2014년까지 세계 노벨상 수상자 860명 중 194명(22.6%)이 유대인이었을 정도로 빼어난 지적 능력을 자랑한다. 특히 1969년부터 신설된 경제학상은 거의 40%를 유대인이 차지했다. 미국 인구의 2%에도 미치지 못하는 유대인이 하버드를 비롯한 아이비리그 대학원생의 약 30%를 차지하며, 교수들의 비중은 그보다 더 높다.

〈포춘〉지 선정 미국의 100대 기업 중 30~40%가 유대인들이 경영하며, 100대 부호 중 20%가 유대계이며, 세계 5대 식량 회사 중 3개, 7대 석유회사 중 6개, 7대 영화사 중 디즈니를 제외한 6개 영화사를 유대인이 실질적으로 운영한다고 한다.

미국을 움직이는 신문인 〈뉴욕타임스〉, 〈워싱턴 포스트〉, 〈월스트리트 저널〉의 최고경영자 모두 유대인이며, 해당 신문사의 기자와 칼

럼니스트 중 상당수 역시 유대인이기에 미국 정치에 미치는 유대인의 영향력은 막강하다. 그뿐만 아니다. 미국 금융의 큰 기둥인 월스트리트, 재무부, 연방준비제도의 핵심 인물들 대부분이 유대인이다. 오바마 정부 1기 재무장관 티모시 가이트너와 전임 부시 대통령 정부의 마지막 재무장관 헨리 폴슨도 유대인이었다. 클린턴 대통령 시절에도 유대인인 로버트 루빈과 로렌스 서머스가 재무장관직을 이어받았다. 세계 경제 대통령이라 불리는 연방준비제도의 이사회 의장직도 벤 버냉키를 비롯해 앨런 그리스펀, 폴 볼커 등 세 명의 유대인이 연속으로 맡고 있고, 이들의 재임 기간을 모두 합하면 30년이 넘는다.

민간 금융에서도 마찬가지여서 세계 최고의 투자자 워런 버핏과 골드만 삭스의 창업자 마커스 골드먼이 유대인이고, 앞서 말한 헨리 폴슨 전 장관이 이 회사 출신이다. 세계은행 총재였던 폴 월포위츠도 폴란드계 유대인 출신이다. 헤지펀드에서는 20세기 금융의 연금술사로 불리는 조지 소로스가 있으며, 프랑스인이지만 국제통화기금 총재였던 스트로스 칸도 아버지가 유대인 회계사였다.

IT 산업에서도 유대인의 활약은 화려하다. 스마트폰의 아버지 스티브 잡스와 페이스북 창업자 마크 저커버그, 구글 공동창업자인 세르게이 브린과 래리 페이지가 모두 유대인이다. 또 20세기 후반에 들어서는 미국 정계에 직접 진출하는 유대인들이 많아졌는데, 가장 대표적인 인물이 닉슨 대통령 시절 세계 외교를 주름잡았던 헨리 키신저와 클린턴 대통령 시절 앨 고어의 대선 러닝메이트였던 조셉 리버만이다.

미국만큼 잘 알려지지는 않았지만 냉전 시대 미국과 쌍벽을 이루었던 초강대국 소련에서도 유대인의 역할은 컸다. 사회주의 체제라는 특성상 자본을 장악하지도 못하고, 정치와 언론의 핵심에 진출하지도 못했지만 인구의 2%에 불과한 소련의 유대인이 의사의 30%와 엔지니어의 20%, 대학교수와 문화계 인사의 10% 이상을 차지했다. 세르게이 브린의 부모 역시 구소련의 엘리트 과학자였지만 소련의 붕괴 후 미국 이민을 선택했고, 지금의 구글을 낳은 것이다.

　　영토를 빼앗기고 오랜 세월 세계 곳곳으로 흩어져 민족으로만 남아 있던 유대인이 이처럼 세계적인 부와 막강한 영향력을 행사하는 바탕에는 그들 고유의 창의력 교육이 있다. 유대인은 척박한 환경 속에서 교육과 학문만이 살아남을 수 있는 유일한 방법이라 믿었다. 또한, 무조건적인 지식의 습득이 아닌 생각의 힘을 키워 창의적 발상을 여는 질문과 토론 중심의 교육을 중요하게 여겼다. 그래서 유대인은 학교에서 돌아온 아이에게 "오늘은 무엇을 배웠니?"가 아닌 "오늘은 어떤 질문을 했니?"라고 묻는다고 한다.

　　유대인들은 침묵을 배움에 대한 욕구 결여라고 여기고 부모는 수업 시간에 조용히 앉아만 있는 자녀를 가장 부끄러워한다. 가정에서도 부모는 아이에게 질문을 통해 생각을 열어주고, 아이도 궁금한 점이 있으면 적극적으로 묻는다. 세상은 끊임없이 변화하므로 '왜?'라고 질문하고 사고하지 않으면 절대 본질을 알 수 없기 때문이다. 수없이 많은 질문과 토론을 통해 유대인 아이들은 먼저 주제에 대한 본질과 핵심을 파악하는 능력을 키우게 된다.

학교 교육도 마찬가지다. 교사는 하나를 가르쳐줄 뿐 나머지 아홉은 학생들이 서로 질문과 토론을 통해 채워가도록 유도한다. 교사가 열을 모두 가르쳐주며 외우기를 강요하고, 부모가 시험 점수와 성적만 신경 쓰는 우리나라의 교육방식과는 확연히 다른 모습이다.

유대인은 단순한 암기식·주입식 교육이 아니라 개념을 이해하고 원리를 스스로 깨우치게 한다. 그래서 유대인들은 기존의 이론 학습을 교육이라고 부르지 않으며, 어떻게 하면 기존의 이론에다 새로운 것을 더할지 가르치는 것을 교육이라고 생각한다. 이런 풍토 속에서 자랐기에 프로이트, 아들러, 아인슈타인, 앨빈 토플러 같은 창조적이고 세계를 이끄는 위대한 사상가들을 낳을 수 있었다.

유대인들은 우리나라처럼 졸업장이나 성적표와 같은 학력 증명서를 중요하게 여기지 않는다. 대신 최악의 상황에서도 살아남을 수 있는 지혜 쌓기 교육과 창의성, 전문기술 교육에 몰두한다. 즉, 단편적인 지식이나 암기력을 높이고 임기응변을 가르치기보다는 일상생활 속에서 사고력을 키우고, 어릴 때부터 배움을 즐겁고 소중히 여기도록 가르치는 것이다. 그것이 곧 생존을 위한 길이며 세상의 중심이 되는 비결임을 알기 때문이다.

이 세상은 '생각의 힘'으로 진화한다. 생각의 힘은 열린 교육, 질문하는 교육에서 탄생한다. 가정과 학교에서 끊임없이 열린 질문을 통해 생각을 자극하고 키워 해답을 찾아가는 과정에서 세상은 진화하고 발전한다.

그리스와 로마, 그리고 중국은 고대로부터 현대로 이어지기까지 오랜 세월 동안 세계의 문명을 지배해왔다. 그리고 이들의 힘의 바탕엔 '사상'이 있었고, 그 사상은 '질문'으로부터 잉태되었다.

고대 그리스의 철학자 소크라테스는 보편적인 진리를 알기 위해서는 끊임없는 질문과 토론의 과정을 거쳐야 한다고 했다. 이러한 그의 사상은 그리스의 교육 사상, 나아가 플라톤을 비롯한 서양의 교육 사상에 지대한 영향을 미쳤다.

유럽도 마찬가지다. 몽테스키외, 루소, 애덤 스미스, 존 스튜어트 밀 등 모두가 '왜 우리는 신분제 사회에 살아야 하는가?', '왜 우리는 불평등한가?' 같은 문제를 제기하면서 결국 삼권분립을 이루어냈다. 그리고 유럽의 삼권분립은 미국의 대통령 선출 제도에서 직선제와 임기제라는 위대한 법을 만들어냈다.

지금도 세상은 끊임없는 질문에 의해 앞으로 나아가고 있다. 열심히 일한 만큼의 사유재산을 인정해준다는 자본주의는 왜 이토록 불평등한가? 남들 못지않게 열심히 일했는데 왜 내 자식은 흙수저를 물고 태어나야 하는가? 자본주의는 이러한 불평등을 가지고 과연 지속될 수 있을까? 이러한 질문은 자본주의를 다시 연구해야 한다는 사상으로 이어지고 있다.

우리나라는 왜 이스라엘처럼 군 복무 기간에 전문기술과 지식을 교육하는 등 미래의 젊은이들에게 도움이 되는 제도를 만들지 못하는 것인가? 우리나라는 왜 모든 국민이 싱가포르처럼 내 집 마련의 걱정 없이 살 수 없는 것인가? 싱가포르는 젊은이들에게 일정 수준 이상의 주택을 안정적으로 공급하는데 왜 우리는 그럴 수 없는 것일까? 로봇과 인공지능이 인간을 대체하고 평균수명 100세 시대가 되면, 은퇴 이후엔 어떻게 먹고살 것이며, 은퇴 이전이라고 해서 안정적인 직장이 있을까?

이러한 수많은 질문은 현재의 제도와 정치에 대한 문제점을 들여다볼 수 있게 해주고 더 나은 방법을 고민하게 함으로써 제도와 정치를 변화시키고 발전시킨다. 또한, 질문을 통해 확대된 생각의 힘은 창의력으로 이어지고, 창의력은 과학기술의 발달로 이어진다. 그리고 과학기술의 발달은 인류의 삶을 혁신적으로 진화시키고 경제를 활발하게 부흥시킨다.

과거 증기기관의 발명은 산업의 척도뿐만 아니라 세계의 역사까지 함께 바꾸어놓았다. 수공업에 의존하던 생산시설이 증기기관을 이용한 기계로 대체되면서 생산량이 폭발적으로 증가해 대량생산과 대량소비를 통한 규모의 경제를 열어주었다. 또한, 증기기관으로 인한 열차의 탄생은 영국 곳곳에 석탄 등의 광물을 운반할 수 있게 해 영국을 세계 최대 공업국으로 변모시켜주었다.

이처럼 더 나은 삶에 대한 질문은 필요를 낳고, 필요는 새로운 기술을 만들어낸다. 헝가리 출신의 수학자 존 폰 노이만John von Neumann은 원자폭탄과 관련한 다양한 모의실험에서 더 빠르고 정확히 계산하기 위해 더 성능이 뛰어난 컴퓨터를 연구했고, 이것은 후에 현대 컴퓨터의 모델이 되었다. 에디슨은 가스등과 호롱불을 대체할 만한 더 편리하고 안전한 조명이 없을까를 고민했고, 그 결과 전구를 발명했다.

세상을 있는 그대로 받아들이며, 내 삶에서 벌어지는 수많은 현상을 당연하다고 여긴다면 더 이상의 발전은 없다. 당연한 것을 의심하며 질문을 던져야 한다. 불편하고 불합리한 것이 있다면 왜 그런지 원인을 찾고 어떻게 해결할 것인지 질문을 던져야 한다. 그래야 이전에는 없던 새로운 생각이 생겨난다. 질문은 현실을 전혀 다른 시각으로 보게 해주고 새로운 생각을 열어준다.

질문이 사상을 잉태하고 탁월한 생각을 끌어낸다. 끊임없는 질문과 답변을 통해 생각은 채워지고 완성된다. 미래에 대한 불안, 더 나은 삶에 대한 갈망, 현상에 대한 단순한 호기심과 의구심 등 모든 것은 질문이 될 수 있다.

이미 현재로 다가온 디지털 산업 경제에서 국가 경쟁력을 확보하기 위해서는 끝없이 질문하고 도전해야 한다. 질문이 사상이 되고 세상을 바꾸는 창조력으로 진화해서 과학기술을 만들어낼 때 대한민국은 진정한 문명국가가 될 수 있다.

●

대학교육 모델의
진화가 필요하다

생각의 힘을 키우는 열린 교육을 통해 창출된 지혜와 지식이 나의 삶에, 그리고 우리의 삶에 에너지가 되려면 어떻게 해야 할까? 십수 년이 넘는 오랜 시간을 투자하고, 비싼 등록금까지 내면서 어렵사리 배운 지식과 지혜가 머릿속에만 머문다면 이는 책 속에 빼곡히 인쇄된 의미 없는 점들과 다르지 않다. 깨닫고 아는 것은 실행으로 이어질 때 힘이 있다. 지식과 지혜도 인간의 삶으로 들어와 인간을 변화시키고 발전시킬 때 진정한 힘을 발휘한다. 즉, 배움이 창업이나 취업과 같은 경제활동으로 이어져 나와 내 가족의 삶을 안정적으로 책임지고, 나아가 사회와 국가의 경쟁력을 강화하는 데 활용되어야 진정 가치 있다고 할수 있다.

대학 시절에 야학에서 청계천 피복공장 노동자들에게 공부를 가르쳤던 적이 있다. 야학을 마치면 돼지비계 김치찌개가 500원 하는 근처 식당에 들러 일행과 함께 소주잔을 기울이기도 했다. 그 식당의 선반 위에는 늘 낡은 가방이 일렬로 놓여 있었는데, 주인아주머니께 여쭈니 식당 건너편 인력시장에 오는 아버지들의 것이란다. 그분들이 집을 나설 때는 깔끔한 옷을 입고 와서, 현장에 갈 때 허름한 작업복으로 갈아입고 나간다는 거였다. 가족에게 차마 막일을 한다고 말하지 못하는 그들은 언제 그랬냐는 듯 땀을 닦고, 먼지 내려앉은 옷을 다시 가방에 넣어두곤 말끔한 옷으로 갈아입고 집으로 향했다. 교육과 일자리가 얼마나 중요한지, 한 가정을 유지하는 게 얼마나 힘든 일인지를 생생하게 느낀 순간이었다.

모든 노동은 숭고하며 누군가는 해야 할 일이지만 그럼에도 나와 내 가족은 몸과 마음이 덜 힘들었으면 하는 것이 사람의 마음이다. 굽은 허리로 농사지어 번 돈을 잊지 않고 자식의 학비로 보내는 것은 부모보다 더 편안하고 풍족한 삶을 살기를 바라는 마음에서다. 더군다나 머지않은 미래에는 힘든 노동은 기계와 로봇이 대신해준다니 기왕이면 하고 싶은 일, 가치 있고 보람 있는 일을 하며 행복한 삶을 살아야 한다. 그러려면 애써 쌓은 지식과 지혜가 내일의 사업이 될 수 있도록, 나와 내 가족을 지키는 든든한 직장과 이어질 수 있도록 교육과 일자리가 연결되는 사회적 기반이 탄탄하게 마련되어야 한다.

교육이 창업이나 취업으로 이어지기 위해서는 무엇보다 대학교육의 혁신이 시급하다. 비싼 등록금을 내고 4년이라는 긴 시간을 투자해 대학에 진학하지만 꿈을 이루기 위한 학문의 탐구와 연구에 집중하기보다는 학비를 마련하기 위해 아르바이트를 하거나 취업 스펙을 쌓기 위해 토익 점수에 연연하는 이들이 더 많다. 심지어 적지 않은 대학생들이 안정적인 직장을 꿈꾸며 학창시절부터 공무원시험을 준비한다. 실험과 연구에 심취하고 도전을 즐기기에는 현실이 너무나 팍팍한 탓이다.

어렵사리 대학에 입학한 학생들이 공무원시험이나 자격증을 준비하기 위해 전공과는 무관한 다른 공부를 하는 것은 대학교육이 그저 취업을 위한 졸업장 취득이 목적인 경우가 크기 때문이다. 빚을 내면서까지 공부하는 이유가 배움에 대한 욕구나 꿈을 실현하기 위한 것이 아니라 단순히 졸업장이 목적인 것은 개인에게도 불행한 일일뿐더러 국가적으로도 큰 손실이다.

대학교육의 혁신은 대학만 달라진다고 해결될 문제가 아니다. 대학교육이 달라지려면 대학교육의 대표적인 결과물인 취업 또한 그 기준과 과정을 혁신적으로 바꿔야 한다. 기업이 실제 업무를 수행하며 필요로 하는 역량은 수능 점수나 학점, 토익 점수 결과와는 다소 거리가 멀다. 그럼에도 대다수의 기업들은 이른바 스펙이라 불리는 이러한 것들을 채용을 위한 대표적인 기준으로 삼는다. 그러다 보니 서로가 원치 않는 결과를 맞게 되는 경우가 많다. 학생은 학생대로 꿈이나 전공과는 무관한 엉뚱한 공부에 매달려야 한다. 기업은 기업대로 높은 점수를 받고 입사한 신입사원이 정작 실무에선 능력을 발휘하지 못하는 미스매칭의 상황을 맞이한다.

2019년에 구인구직 매칭 플랫폼 사람인이 941개의 기업을 대상으로 미스매칭 채용의 경험 여부를 조사한 결과, 응답 기업의 71.2%가 미스매칭의 경험이 있다고 대답했다. 그리고 미스매칭으로 인한 손해로는 응답 기업의 절반 이상이 '조기 퇴사로 인한 인력 충원 비용 증가(51.3%, 복수 응답)'를 꼽았다. 그 외에도 응답 기업의 38.7%(복수 응답)가

'태업 등으로 부서 성과나 분위기에 끼친 악영향'을, 32.7%가 '부적응으로 인한 커뮤니케이션상 손실 발생' 등을 꼽았다.

상황이 이러하다 보니 낙타가 바늘구멍에 들어가는 것보다 힘들다는 취업 관문을 겨우겨우 통과하고도 입사 후 1년 이내에 퇴사하는 신입사원들이 적지 않다. 업무나 기업 분위기가 자신과 잘 맞지 않는다는 이유에서다. 기껏 고생해서 들어간 회사가 나와 맞지 않아 스스로 박차고 나올 때의 그 심정은 말로 표현하기 힘들 정도로 허탈할 것이다. 게다가 이렇게 생긴 결원을 보충하기까지 기업 또한 적지 않은 시간과 비용의 손실을 감당하며 곤욕을 치러야 한다.

이러한 미스매칭에 따른 시간과 비용 등의 손실을 줄이려면 기업은 매년 높은 경쟁률의 입사시험을 통해 사람을 뽑을 게 아니라 직접 인재양성에 나서야 한다. 즉, 필요한 인재를 기업이 직접 키우는 것이다. 기업이 그들이 필요로 하는 재능을 가진 학생들을 지원하고 양성함으로써 해당 분야에서 경쟁력을 갖춘 인재를 최우선적으로 확보한다면 미스매칭에 따른 손실 비용도 줄일 수 있다. 또 학생들은 졸업 이후의 진로에 대한 불안감이나 염려 없이 마음껏 지식을 탐구하고 실험하며 자신의 역량을 키울 수 있다. 대학 또한 학생과 기업의 건설적인 협업의 결과로 얻어진 탁월한 성과를 바탕으로 경쟁력을 키울 수 있다.

산학 협력의
윈윈 시스템으로 선순환을

대한민국은 대학생이 되면서 빚쟁이가 되는 나라다. 2019년 한 해 동안 대학생들이 학자금으로 대출받은 총액은 1조 8,000억 원에 달했고, 대출을 받은 대학생 수는 63만 명에 이르렀다. 원대한 꿈을 품고 힘찬 날갯짓을 해도 모자랄 상황에 양쪽 발에 무거운 바위를 매단 꼴이니 강의실에 앉아 있어도 공부가 제대로 될 리가 없다.

정부나 지방자치단체 등에서 장학금을 더 늘리고 이자를 줄이는 노력을 한다지만 근본적인 해결책 없이는 악순환의 고리를 끊기가 쉽지 않다. 대학교육은 국가와 세계의 미래를 더욱 발전적으로 이끌어갈 창의적 인재를 육성하는 데 그 궁극적인 목적이 있음에도 대학교육과 취업이 별개가 된 것이 현실이다. 오죽하면 대학 졸업 후에 취업을 위한 재교육을 받는 이들도 있을까.

이렇다 할 자원 하나 나지 않는 우리나라에서 결국 승부를 볼 것은 인적자원이다. 더군다나 세계적으로 그 역량을 인정받는 유대인보다 지능지수가 더 높은, 세계 최고 수준의 지능지수를 가진 우리 민족이 잘못된 교육정책 때문에 오히려 퇴행의 길을 걷는다는 것은 안타까움을 넘어 참으로 개탄스럽기까지 하다.

대학이 바뀌어야 나라가 바뀐다. 대학을 학문탐구와 다양한 실험의

장으로 바꾸지 않고서는 기업이나 국가도 더는 혁신과 발전을 기대할수 없다. 대학교육을 통해 스타트업을 비롯한 여러 기업에 우수한 인재가 공급되고 혁신적인 창업이 활성화되며, 이를 통해 기업의 경쟁력이 강화되어야 국가도 부강해지고 국민의 삶도 평온해진다.

대학이 학문탐구와 실험의 장이 되기 위해서는 입시 위주의 교육제도를 개선하고, 이른바 명문대라 불리는 대학들로의 쏠림 현상이 사라지는 등 사회 전반에 걸친 대대적인 혁신이 요구된다. 더불어 이론과실무를 균형 있게 가르쳐 대학에서 쌓은 지식이 졸업 후 업무 능력으로 곧장 이어질 수 있도록 해야 한다. 또한 대학 스스로 자신만의 색깔을 찾아 차별화를 통한 경쟁력을 갖춰야 한다. 예컨대 반도체 기술 연구에서 최고인 학교, 인공지능 연구에서 최고인 학교, 식품 바이오 연구에서 최고인 학교와 같이 대학 특성화를 통한 차별화를 꾀해 나만의경쟁력을 갖추는 것이다.

세계 최고의 대학이라 손꼽히는 하버드대나 예일대만 하더라도 특정 학과가 유명한 것이지 전체 학과가 세계 최고인 건 아니다. 국내 종합대학들도 마찬가지다. 모든 학과를 유명 학과로 키우려 하기보다는선택과 집중이 필요하며, 더 나아가 대학 전체가 대표할 만한 특정 분야를 찾아 특성화하는 것이 중요하다.

대학이 그들만의 특성화된 영역에서 경쟁력을 갖추면 해당 지식과기술을 바탕으로 사업을 펼치고 있는 기업들의 지원이 따르게 된다.연구비나 장학금 등의 경제적인 지원뿐만 아니라 연구소 설립을 통한 공동 연구 및 기술 개발에 따른 로열티 지급은 물론 학생들의 졸업 이후의 진로까지 보장해줄 수 있다. 게다가 이는 기업에서 일방적인 혜택을 주는 것이 아닌 기업과 대학이 윈윈하는 협업을 하는 것이기에 쉽게 끊어지지 않는 강력한 선순환 구조를 구축할 수 있다.

기업의 투자로 대학의 경쟁력을 강화하는 대표적인 국내 모델로 '삼성과 성균관대'를 들 수 있다. 삼성재단은 지난 1996년부터 현재에 이르기까지 매년 1,000억 원가량을 성균관대에 지원하고 있다. 그간 전적으로 등록금에 재정 수입을 의존해왔던 대다수의 대학들과는 달리 성균관대는 기업의 재정적 지원을 바탕으로 학교의 경쟁력을 키우는 데 더욱 집중했고, 삼성과 협업하여 혁신적인 결과물을 창출해왔다.

성균관대 자연과학 캠퍼스의 대부분의 학과는 '산학 맞춤형 인재 양성'과 '글로벌 인재 양성'에 집중한 커리큘럼을 갖추고 연구와 교육을 진행하고 있다. 최고의 공학 인재를 양성하기 위해 삼성과 함께 산학협력 기반의 '그랜드 챌린지 테크+이노베이터' 인증제, '스마트카 트랙' 인증제, '머티리얼스 스쿨' 인증제 등 다양한 융복합 프로그램을 마련했다. 또한, 지난 2014년에는 독일에 본사를 둔 세계 1위의 글로벌 화학기업 바스프BASF R&D 센터를 자연과학 캠퍼스에 유치했다.

그뿐만 아니다. 성균관대는 '삼성 취업'을 내건 다양한 특성화 학과를 신설하여 우수한 인재가 제 발로 몰려들게 하고, 수준 높은 학과 수업의 진행과 연구 등을 통해 최고 역량을 갖춘 졸업생을 배출함으로써 인재 양성의 선순환 구조를 더욱 강화했다.

이러한 노력의 결과로 성균관대는 카이스트를 제치고 국내 최고의 공과대학으로 자리 잡았으며, 국내 4년제 대학 중에 매년 졸업자의 70% 이상이 취업에 성공하는 최고의 취업률을 자랑한다. 이중 삼성그룹에 입사하는 성균관대 졸업생은 매년 400~500명에 달한다.

이렇듯 기업이 대학을 후원하고 지원하는 산학 협력 시스템 구축을 통해 대학은 입학자의 수준을 높일 수 있고 학생들은 재학 중에도 등록금 걱정 없이 학문을 탐구하고 그들의 역량을 키우는 데 더욱 집중할 수 있다. 또한 이렇게 양성된 인재들은 자신이 희망하는 기업을 선택하거나 창업을 하는 등 진로를 선택할 때도 주도권을 가질 수 있으며, 기업 역시 그들이 바라는 역량을 갖춘 우수한 인재를 선점할 수 있으니 경쟁력 확보에 큰 도움이 된다.

한편, 대학과 기업 간의 협력을 통한 선순환 구조를 만들기 위해서는 정부의 역할도 매우 중요하다. 대학이 특성화 대학으로서의 경쟁력을 갖추고 우수한 학생들이 몰려오게 하려면 무엇보다 뛰어난 교수진을 갖추어야 한다. 이를 위해서는 국내뿐만 아니라 세계로 시선을 확장해 우수한 역량의 인재를 교수진으로 영입해야 한다.

아시아 최고의 공과대학인 싱가포르의 난양공대NTU; Nanyang Technological University의 경우, 특성화 대학으로서의 경쟁력을 갖추고 대학의 수준을 글로벌 최고로 끌어올리기 위해 교수진의 대대적인 물갈이를 감행했다. 이 과정에서 파격적인 대우로 세계적인 인재들을 영입한 것은 물론이고, 이후에도 연간 최고 50억 원에 달하는 인센티브를 보장하며 이들의 의욕을 끌어올렸다. 이와 더불어 교수 평가제를 통해 4년마다 교수 100명씩을 내보내는 초강수를 둠으로써 교수들이 타성에 젖는 것을 경계하도록 했다.

세계적인 석학을 교수로 데려오기 위해선 재정적인 뒷받침이 따라야 한다. 특히 인공지능을 비롯한 디지털 혁명 분야의 최고 전문가를 영입하려면 보통 연봉 100만 달러 정도는 보장해줘야 한다. 우리나라 돈으로 12억 원에 달하는 거금을 매년 교수들에게 지불하는 것은 국내 대학의 형편으로는 꿈도 꿀 수 없는 일이다.

이 문제를 해결하기 위해서는 우리나라의 고등교육법이 개정되어야 한다. 현재 우리나라는 교직원의 겸직을 제한하기 때문에 교수들이 대학에서 강의하면서 동시에 기업에서 일하는 것이 불가능하다. 연봉 100만 달러 수준의 수입을 보장해주려면 대학과 기업 양쪽에서 급여를 받도록 해주는 것이 가장 이상적인 방안이다. 더불어 대학 간의 겸직도 고려해보아야 한다. 실제로 외국의 우수한 대학들은 대부분 이러한 방식으로 교수의 급여를 일정 수준 이상으로 유지하고 있다.

다행히 정부는 2021년부터 교직원 겸직 제한 규제를 대폭 완화하여 기업 임직원이 대학 강단에 서고, 관련 학과 교수가 기업에서 일할 수 있도록 허용한다고 발표했다.

특성화를 통한 대학의 경쟁력 강화 전략은 비단 서울과 수도권의 유명 대학에만 해당하는 이야기가 아니다. 강원도, 경기도, 경상도, 전라도, 충청도 등 전국 어느 곳의 대학이라도 다른 대학과 구별되고 특출한 차별점과 경쟁력만 갖춘다면 학생들은 저절로 몰려들 것이다. 예컨대 인공지능 분야의 최고 대학이 세계 최고 수준의 교수들과 함께 제주도에 둥지를 틀고 있다면 인공지능 분야에 관심이 있고 배우고 싶은 열망이 있는 학생들은 기쁜 마음으로 제주도행 비행기에 탑승한다. 어디 그뿐일까. 외국의 학생들도 앞을 다투며 유학을 올 것이다. 이와 같은 대학의 특성화 전략은 대학과 지방의 균형 있는 발전에도 큰 도움이 될 수 있다.

지방 소재 대학의 특성화가 더욱 활발해지려면 이 역시 정부의 과감한 지원이 필요하다. 특정 분야에서 탁월한 경쟁력을 가진 지방의 국립대의 경우 기업과 지자체, 정부 등의 지원으로 등록금을 파격적으로 인하하거나 아예 면제한다면 해당 분야의 우수한 인재들을 대거 유치할 수 있다. 이는 이른바 'in 서울(서울 소재 대학)', 'SKY(서울대, 고려대, 연세대)'와 같은 특정 대학에 집착하는 그릇된 성공 공식을 깨부수는 철퇴가 될 것이며, 대학은 물론 지역의 균형 있는 발전을 통해 국가의 안정적인 성장에 큰 도움이 될 것이다.

지식과 정보,
모두에게 활짝 열린 최고의 공공재

대한민국은 세계 최고의 교육열을 자랑하면서도 오랫동안 입시지옥, 교육지옥이라는 모순적인 상황을 벗어나지 못하고 있다. 교육의 본질은 학문탐구와 연구 등을 통한 진리와 지식의 습득, 그리고 이를 통해 생각과 사상의 힘을 키우는 것에 있다. 그러나 대한민국에서 대학은 이러한 교육의 본질과는 다소 거리가 먼, 취업과 계층 상승을 위한 스펙 쌓기의 도구로 쓰일 때가 많다. 애초에 교육을 바라보는 시각이 잘못돼 있으니 교육이 나아가는 방향마저 덩달아 비뚤어지는 것이다.

우리나라의 대학교육이 이렇듯 잘못된 공식에 빠져 출구를 찾지 못하는 것은 오랜 세월 이어져 온 대학 서열화와 그에 따른 명문대에 대한 집착이 큰 탓이다. 2019년 JTBC에서 방영한 드라마 〈SKY 캐슬〉에는 명문대에 집착하는 부유층 사람들의 비뚤어진 욕망이 적나라하게 드러난다. 드라마에서 입시 코디라는 이름의 입시 과외 브로커에게 연간 1억 원이 넘는 수수료를 주는 것을 보면, 과연 이들의 실제 사교육비는 얼마일지 상상조차 힘들다. 평범한 소시민의 시각에선 과연 저런 상황이 가능할까 하는 의문이 들기도 하지만, 우리나라 최고의 명문대로 불리는 SKY에 입성하기 위해 애쓰는 부유층들에겐 그리 낯선 일은 아니라는 말도 들린다.

본질에서 멀어진 교육은 이렇듯 대학의 이름을 좇는 문화를 부추기고, 부모의 경제력이 사교육의 수준을 결정하는 사회적 병폐를 불러온다. 덕분에 1년에 수억 원에 달하는 초고액 과외를 받는 친구들과 자신을 비교하며 대다수의 평범한 아이들은 상대적 박탈감에 시달려야 한다. 이런 극단적인 경우가 아니더라도 자신의 꿈과는 무관하게 대학의 명성에만 집착하는, SKY 캐슬의 노예가 되어서는 안 된다. 이는 당사자인 개인의 삶을 불행하게 할 뿐만 아니라, 사교육과 돈의 연결고리를 더욱 단단하게 해 교육의 공정성을 해칠 위험도 크다.

SKY 캐슬처럼 여전히 더 높고 견고하게 성을 쌓으려는 우리나라의 명문대들과는 달리 하버드, 스탠퍼드, 예일대, MIT 등 세계 유수의 대학들은 담장을 허물고 그들의 수준 높은 교육을 모두와 나누고 있다. 나라, 인종, 나이, 성별의 구분 없이, 배움을 원하는 사람이라면 누구나 인터넷을 통해 이들이 제공하는 강의를 무료로 들을 수 있다.

"지식이 공개적으로, 그리고 자유롭게 공유될 때 교육이 가장 발전할 수 있다."

2001년 MIT가 대학 내에서 이루어지는 강의를 온라인 서비스를 통해 전 세계에 무료로 공개하면서 내건 교육철학이다. 그로부터 10여 년이 지난 뒤 MIT를 비롯한 하버드, 스탠퍼드, 예일대 등 세계 최고의 대학들이 참여하여 수준 높은 강의를 무료로 제공하는 '무크^{MOOC*}'가

---

* 무크(MOOC) : Massive Open Online Course의 약어로, 대규모로 진행되는 무료 공개 온라인 강의 서비스를 뜻한다.

탄생했다. 대표적인 무크 플랫폼으로는 코세라Coursera, 유다시티Udacity, 에덱스edX 등이 있다.

이 중 가장 대표적인 무크 플랫폼인 코세라는 2012년에 스탠퍼드 대학의 앤드류 응Andrew NG 교수와 다프네 콜러Daphne Koller 교수가 설립했으며 경영, 인문, 과학, 법률 등 다양한 영역의 강의가 제공된다. 무크에서 제공되는 강의의 대부분이 무료이며 수료증을 받을 수 있는 수업은 유료다.

유다시티는 2011년에 스탠퍼드 대학의 세바스찬 스런Sebastian Thrun, 데이비드 스테븐스David Stavens, 마이크 소콜스키Mike Sokolsky 교수가 설립한 최초의 무크 플랫폼으로, 초창기에는 일반적인 대학 강의로 시작했으나 현재는 디지털 혁명의 시대에 걸맞게 인공지능이나 자율주행차 같은 특화된 영역에서의 전문 강의로 주목받고 있다.

에덱스는 2012년에 MIT와 하버드가 공동으로 설립한 무크 플랫폼으로, 코세라와 유다시티보다 더 개방적인 특징이 있으며, 모든 강의는 유튜브를 통해 다시 볼 수 있도록 해두어 별도의 가입 절차 없이 편리하게 이용할 수 있다.

무크에서 제공되는 강의의 수료증과 성적은 대학 진학에 중요한 참고자료가 되기도 하고, 링크드인LinkedIn과 같은 비즈니스 전문 SNS의 프로필에 등록해 취업 스펙으로 활용되기도 한다. 실제로 2013년, 몽골에 사는 17살의 고등학생 소년이 미국 MIT의 신입생으로 선발돼 화제가 됐다. 이 소년은 15살 때 몽골에서 무크를 통해 MIT의 공학 강좌를 상위 1% 성적으로 이수했고, 이 성적을 바탕으로 MIT에 지원해 입학 허가를 받았다.

애리조나주립대를 비롯한 신시내티대, 아칸소대 등 몇몇 대학들은 무크를 통해 실제 학위를 수여하기도 한다. 디지털 혁명의 시대에 걸맞은 혁신 교육으로도 잘 알려진 애리조나주립대는 에덱스를 통해 200개의 과정을 제공하는데, 모든 과정을 온라인으로 수강할 수 있다. 애리조나주립대가 에덱스를 통해 제공하는 수업 중에 특히 주목할 만한 프로그램으로는 '글로벌 프레시맨 아카데미Global Freshmen Academy'를 들 수 있는데, 전 세계에서 누구든 애리조나주립대의 1학년 과정을 이수할 수 있는 시스템이다.

그뿐만 아니다. 애리조나주립대는 교육의 유연성을 확보함으로써 더 많은 학생이 능동적으로 학습에 참여하도록 유도하고 있다. 4년 동안 충실히 온라인 수업을 듣다가 졸업할 때만 학교에 나오는 것도 가능하고, 오프라인 수업과 온라인 수업을 병행하는 것도 가능하다.

이렇듯 무크의 탄생으로 인터넷과 의지만 있다면 누구든 언제든 어디서든, 마음껏 세계 최고 대학의 수준 높은 강의를 듣고, 원한다면 수료증과 학위까지 취득할 수 있는 시대가 열렸다. 물론 학위나 졸업장 같은 형식적인 면만 본다면 무크와 같은 온라인 공개 강의는 아직 기존 대학을 대체하기에 부족한 점이 많다. 특히 학문탐구가 아닌 취업 스펙을 위한 졸업장에 더 큰 의미를 두고 대학 진학을 생각하는 경우에는 더더욱 만족스럽지 못할 것이다. 그러나 교육의 본질에만 기준을 두고 판단한다면 현재의 대학교육을 대체할 매우 이상적인 모델임이 분명하다.

자신의 꿈을 이루기 위해 진학하기를 희망하는 학교와 전공이 있어도 학비 부담을 덜기 위해 장학금 혜택이 큰 곳을 선택하기도 하고, 심지어 돈이 없어서 대학 진학을 아예 포기하는 경우도 있다. 교육은 돈과 권력을 가진 특정 계층의 전유물이 되어서도 안 되며, 계층 상승을 위한 사다리가 되어서도 안 된다. 또한 취업이나 결혼을 위한 스펙으로 활용되는 것도 바람직하지 않다. 교육은 지식과 진리를 탐구하며, 그로 인해 과거에는 없던 새로운 것을 발견하고 창조하여 나와 내 이웃의 삶을 더욱 발전적으로 만들어갈 때 가장 가치가 있다.

과거에는 무크와 같이 '모두의 교육'을 실현하기가 쉽지 않았다. 그러나 디지털 혁명으로 언제 어디서든 누구나 함께 할 수 있는 공유 공간인 플랫폼이 생긴 덕분에, 무상으로 혹은 아주 저렴한 가격으로 지식을 공급할 수 있게 되었다. 모두가 무크와 같은 세계적인 무료 온라인 대학 강의를 적극적으로 활용하는 한편, 대학교육의 본질을 되새겨 명성과 간판이 아닌 진리와 지식의 탐구를 위해 대학 진학을 선택한다면 SKY는 저 높은 곳에 있는 성城이 아닌 진리 탐구를 위한 선택의 영역이 될 것이다.

"다음 세대에 나올 아인슈타인이나 스티브 잡스는 어쩌면 지금 아프리카의 외딴 동네에 살고 있을지도 모릅니다. 그리고 만약 우리가 그런 사람에게 교육을 제공할 수 있다면 그들은 기발한 생각을 떠올릴 수 있을 것이고, 우리 모두를 위해 더 나은 세상을 만들 수 있을 겁니다."

코세라의 공동 설립자 다프네 콜러 교수가 한 이 말은, 왜 교육의 기회가 모두에게 공정해야 하는지를 잘 설명하고 있다.

고인 물은 썩어 생명체를 죽게 하지만, 흐르는 물은 더욱 깨끗해지고 귀한 에너지가 되어 더 많은 생명체에 활력을 불어넣는다. 지식도 마찬가지다. 어제까지 옳다고 여겨졌던 지식도 오늘 그것을 깨부수는 누군가의 생각이 보태어지면 새로운 지식으로 재창조되어 다시 전진한다. 그러나 고인 지식은 발전과 전진 없이 그대로 멈춘다. 지식이 또 다른 생각과 만나 더 발전하기 위해선 끝없이 흘러야 한다. 그래서 지식은 돈이나 권력을 가진 누군가의 것이 아닌 모두의 것이 되어야 한다.

지식이 모두의 것이 되어 공유되기 위해선 그것에 접근하는 길이 모두에게 활짝 열려 있어야 한다. 앞서 말했듯이 지식과 정보가 국가의 핵심 공공재가 되어 누구든 무료로 혹은 저렴한 돈으로 언제 어디서든 원하는 지식과 정보를 얻을 수 있어야 한다.

지난 2015년에 한국에서도 'K-무크'라는 이름으로 무크 강의가 출범했다. 교육부가 주관하고 국가평생교육원이 시행하는 K-무크는 2020년 2월을 기준으로 총 745개의 강좌가 제공되고 누적 회원 수가 50만 명을 넘었다. 방송통신대학교, 사이버대학교, 학점은행제와 같은 이전의 온라인 대학 수업 서비스와는 달리 K-무크는 '무료'로 강의가 제공되며, 대학생이나 대학원생은 물론이고 청소년, 구직자나 재직자, 일반 성인 학습자 등을 위한 다양한 강의가 제공된다.

한국형 무크인 K-무크가 명실상부한 온라인 대학교육 프로그램이 되기 위해서는 개선점과 보완할 점들을 찾아서 적극적으로 해결해나가야 한다. 특히 실제 오프라인 대학의 수업과의 질적인 차이가 없도록 노력해야 하며, 무엇보다 K-무크에서의 수업 이수와 수료가 창업이나 취업에 실질적인 도움이 될 수 있도록 해야 한다. 이를 위해서는 K-무크의 수료 과정을 좀 더 전문화하고 세분화할 뿐만 아니라, 수료증 발급을 위한 시험 또한 더욱 높은 수준과 엄격한 과정으로 개선되어야 할 것이다.

더불어 K-무크가 한국에서만 힘을 발휘하는 우물 안 개구리가 되지 않으려면 영어나 중국어 등 다국어로 제작하여 세계인의 참여를 이끌어야 한다. 이를 통해 K-무크의 교육과정과 수업의 질에 대한 객관적인 의견을 들을 수 있고, 세계인의 시각으로 개선점을 찾아갈 수 있다. 나아가 무크를 뛰어넘는 K-무크만의 차별화된 콘텐츠의 개발을 통해 세계인을 한국의 온라인 대학교육으로 끌어당기는 경쟁력 또한 갖춰야 한다.

한편, 정부는 무크와 K-무크 등에서 제공하는 온라인 수업 외에도 국민이 세계 최고의 강의와 논문 등 교육과 관련한 대부분의 콘텐츠를 가장 싼 값에 이용할 수 있도록, 그리고 모든 국민이 돈 걱정 없이 최고의 지식을 접하며 공부할 수 있도록 국가 차원에서 공공 시스템을 구축해야 한다.

국내 대부분의 대학교 도서관에서 하버드대나 예일대 등 국내외 유명 대학의 논문을 열람하면 무료이거나 저렴하다. 그런데 같은 논문임에도 집에서 열람하면 가격이 제법 비싸다. 대학은 전자정보공급업체와 일괄적으로 계약하여 학생과 교수들이 저렴한 비용으로 논문을 열람할 수 있도록 지원하기 때문이다. 이런 모델을 참고하여 시스템을 구축한다면 모든 국민이 양질의 교육 콘텐츠를 저렴한 가격에 접할 수 있게 하는 것은 그리 어려운 일이 아니다.

디지털 혁명은 내로라하는 세계 명문 대학들의 최고 수준의 교육을 모두에게 무료로 선물해주고 있다. 대한민국은 이러한 변화의 물결을 수동적으로 따를 것이 아니라 앞서서 적극적으로 주도해나가야 한다. 디지털 기술의 발달은 큰 비용을 들이지 않고도 최고의 지식을 모두와 나눌 수 있는 길을 열어주었다. 그 길을 적극적으로 활용하여 국민 개개인에게 발전과 성취의 기회를 제공하고 국가적 차원에서의 더 큰 도약도 꾀해야 한다.

대학 과정의 학문을 수행할 지적 능력과 학업 열정을 가졌으나 학비를 감당할 경제적 능력이 없는 학생들을 위해 정부는 다양한 방식으로 길을 열어주어야 한다. 교육을 통한 배움은 단지 개인의 만족이나 성취로 끝나지 않는다. 교육을 통해 성장한 개인의 능력은 사회와 국가, 인류를 위해 쓰인다. 국민을 위한 최고의 복지는 다름 아닌 교육이다.

●

디지털 교육 뉴딜로
평등한 교육을

"지식 패러다임의 변화가 역사 발전의 원동력이다."

현대 경영학의 창시자이자 지식경제론을 제시한 피터 드러커^{Peter}

Drucker가 한 이 말은 디지털 산업 시대를 맞으며 더욱 큰 의미로 와닿

는다.

디지털 산업 시대로의 전환은 기존의 지식 패러다임을 혁신적으로 변화시키고 있다. 불과 얼마 전까지 우리는 '아는 것이 힘'이 되는 시대를 살며 지식과 경험의 축적에 집중했다. 그러나 이제는 '활용하는 것이 힘'이 되는 시대가 되었다. 디지털 기술과 인터넷의 보급, 그리고 내 손 안의 컴퓨터인 스마트폰의 대중화로 인해 지식 패러다임이 변화한 것이다.

궁금한 것이나 알고 싶은 것이 있으면 언제 어디서든 '검색'을 통해 정보와 지식을 구할 수 있게 되었다. 단순한 정보의 검색을 넘어 논문이나 책도 저렴한 비용으로 읽을 수 있고, 대학이나 전문 학원 등에서 제공하는 사이버 강의를 통해 전문지식을 습득하는 것도 가능하다.

이렇듯 새로운 기술의 등장은 기존의 단순 주입식 교육을 무의미하게 만들고 있고, 나아가 오랜 세월 동안 연결되었던 교육과 돈의 고리를 과감히 끊어내고 있다. 누구든 배움의 열정과 의지만 있다면 큰돈을 들이지 않고도 지식을 습득할 수 있는 길이 열린 것이며, 이는 점점

더 확대될 것이다. 디지털 산업사회에서 교육은 불평등을 재생산하고 고착화하는 것이 아닌, 모두에게 공정한 기회를 주는 훌륭한 사다리가 되어줄 것이다.

지식을 공공재로 만들기 위해서는 최고의 지식을 상수도나 전기처럼 저렴한 비용으로 무한정 공급받을 수 있는 시스템이 먼저 갖춰져야 한다. 이를 위해선 정부가 주체가 된 과감하고 혁신적인 '디지털 교육 뉴딜'이 필요하다. 과거 미국이 대공황을 탈출하기 위해 정부가 주도하여 펼친 과감한 해결 정책인 뉴딜 정책에 교육과 디지털 기술을 결합한, 새로운 방식의 교육 혁신을 추진하는 것이다.

'디지털 교육 뉴딜'의 첫 번째 방법으로는, 포털사이트의 경쟁력을 강화해 지식 제공 시스템을 창조하는 것을 제안할 수 있다. 현재 우리나라의 대표적인 포털사이트이자 검색엔진인 네이버와 다음은 언제 어디서든 궁금한 것을 찾아볼 수 있는 '국민 참고서' 역할을 하고 있다. 물론 세계적인 검색엔진 구글과 비교할 때 여전히 보완하고 채워가야 할 부분이 많다. 그러나 네이버와 다음은 지식과 정보가 공공재의 역할을 하는 대표적인 국내 모델이라 할 수 있으니, 질적인 부분을 더 보완하여 경쟁력을 갖춘다면 교육 불평등 해소에 충분히 도움이 될 것이라 기대된다.

네이버, 다음과 같은 포털사이트에서 생성되는 지식과 정보는 별다른 생산비용이 들지 않는다. 네티즌이라 불리는 무수한 대중들이 학습과 경험을 통해 습득한 자신의 지식과 정보를 무료로 공급하고 있기에 이것을 소비(학습)하는 사람들 역시 무료로 이용할 수 있다. 게다가 블로그나 카페 등의 포스팅, 지식인 활동과 뉴스 등의 지식과 정보가 실시간으로, 그리고 지속해서 공급되니 경쟁력만 갖춘다면 '마르지 않는 지식의 샘'이 될 수 있다. 그래서 이러한 포털사이트를 더욱 발전시켜서 구글을 넘어서는 국내 최고의 지식 제공 시스템을 창조해야 한다.

'디지털 교육 뉴딜'의 두 번째 방법은 '대한민국 교육판 넷플릭스'를 구축하는 것이다. 누구에게나 교육의 기회가 균등하게 주어지는 '모두의 교육'을 열고, 지식이 과학기술의 창조로 이어져 모두의 삶을 풍요롭게 하기 위해서는 콘텐츠 확보가 전제되어야 한다. 즉, 양질의 다양한 콘텐츠를 누구나 접할 수 있어야 한다. 국회 중앙도서관, 국립 중앙박물관을 비롯한 전국의 도서관과 박물관 등에 쌓인 지식자원을 디지털 데이터로 전환해서 모든 국민이 언제 어디서나 지식과 정보를 접하고 활용할 수 있는 '디지털 집현전'을 구축하는 것이다.

인재와 지식을 모아 문제해결 능력을 키웠던 세종대왕의 집현전을 디지털 세상으로 옮겨와 모두에게 개방해야 한다. 생각하는 힘을 키워 문제해결 능력을 키우려면 돈이 있건 없건 누구든 세계 최고의 지식에 자유롭게 접근하여 공부할 수 있어야 한다. 무크, K-무크를 넘어서는 세계적인 지식과 정보가 모이는 디지털 집현전을 만들어 학생을 비롯하여 우리나라 사람이면 누구든 무료로, 무제한으로 활용할 수 있도록 해야 한다. 또 한국에서 제작되는 모든 콘텐츠에 외국어 자막을 달면 일자리도 창출되고, 해외 교류도 활발해질 것이며 콘텐츠를 수출하기도 좋다.

'디지털 교육 뉴딜'의 세 번째 방법은 양질의 온라인 교육 콘텐츠를 공공재로 활용하는 것이다. 코로나19 사태로 인해 온라인 교육을 하며 교사들이 느낀 현실의 장벽은 생각보다 높았다. EBS나 KBS 등 방송국에서 제작된 교육 콘텐츠를 온라인 교육에 활용하려니 거의 대부분이 지식재산권으로 등록이 돼 활용할 수가 없었다고 토로하는 교사들이 많다. 비단 코로나 사태가 아니더라도 이미 대세가 된 언택트 시대에는 온라인 수업이 점차 확대될 것이다. 자칫 지루해지기 쉬운 온라인 수업의 흥미와 몰입도를 높이고 교육 효과를 키우기 위해서는 텍스트 형태의 자료나 설명이 아닌 더 다양하고 짜임새 있는 영상 콘텐츠를 제공할 필요가 있다. 이는 수업을 주관하는 교사나 학교가 해결하기엔 힘든 일이다. 정부가 나서서 이러한 문제를 해결해주면 수업의 전달력과 몰입도가 높아져 학생들은 더 재미있게 공부할 수 있고, 방송국 역시 이미 제작된 영상 콘텐츠에서 지속적인 수입을 창출할 수 있다.

한편, 우리나라는 국회도서관, 정부, 지자체, 지방정부 연구소, 사법부 등 여러 국가기관에서 막대한 정보와 지식을 생산하는데, 현재는 이러한 정보를 검색하려면 일일이 개별 기관에 접속해야 하는 불편함이 있다. 이렇듯 흩어져 있는 국가기관의 정보들을 모두 통합하고 국가 인공지능망을 구축하여 지식과 정보의 검색을 더욱 편리하게 할 필요가 있다.

지식과 정보는 얼마나 축적하는가도 중요하지만 얼마나 잘 흐르는가가 더 중요하다. 국민에게 공개하기 위해 축적하는 정보와 지식인 만큼 더 많은 국민이 편리하게 이용할 수 있도록 검색 시스템을 통일하고 활용도를 높여야 한다.

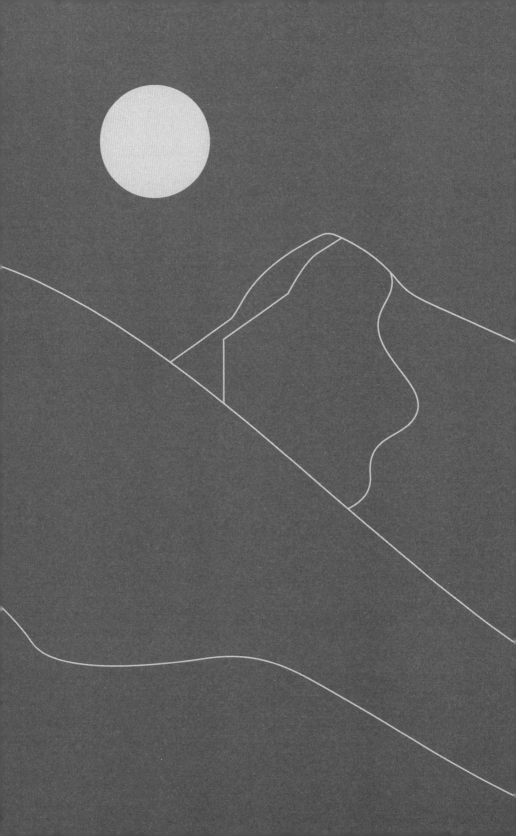

5장 ──────────── 부(富), 누구의 것이 아닌
우리의 것으로

"너무 노동자 편을 드시면 반대하는 층이 늘어날 텐데요…."
누군가가 국회의원 노무현에게 질문했다.
노무현은 답했다.

"나는 고단하지만 배경 없고 힘없는 사람들 편이 되어주고 싶습니다.
부자 편을 들어주는 사람들은 국회 안에 많으니까요."

늘 약자의 편에 서 있길 원했던 그에게
하루는 부富에 대한 생각이 궁금해 물었다.

그는 유대인이 성인식 때 받는 선물인
손목시계와 통장의 돈을 언급하며 현답을 했다.

"하나는 시간을 아껴 쓰는 것이 중요하다는 뜻이고
또 다른 의미는 돈이 중요하다는 뜻이 아닐까요."

주머니가 빈곤하면 마음도 빈곤해진다.
노무현 대통령은 청빈^{淸貧}보다
청부^{淸富}가 훨씬 낫다고 말했다.

최소한 모든 사람에게 기본적인 삶의 조건이 충족되는 나라가
살기 좋은 나라, 살고 싶은 나라가 아닐까.

모두가 잘사는
행복한 나라를 희망하다

돈이 많으면 행복할까? 살면서 종종 듣게 되는 흔한 질문임에도 명쾌하게 답을 하기가 쉽지 않다. 반드시 그런 것은 아닌 듯한데 그렇다고 해서 돈과 행복이 전혀 무관하다고도 할 수 없다. 평안하고 쾌적한 삶을 살기 위해서는 의식주를 걱정하지 않을 만큼의 기본적인 돈은 있어야 하는 데다, 그 이상의 돈이 있다면 더 나은 삶을 영위할 수 있기에 돈과 행복이 완전히 다른 차원의 것이라 할 수도 없다. 그렇다면 모두가 행복한 나라란 결국 너와 내가 돈 걱정에서 해방된, 부富가 그 누구의 것으로 기울지 않고 우리의 것으로 균형 있게 나눠진다는 전제가 필요하다.

자본주의 사회에서 모두가 부를 균등하게 나눈다는 것은 모순일지도 모른다. 그러나 열심히 일하고 노력한 만큼 공정하게 부를 나누고 싶은 것은 너무나 당연한 바람이다. 그럼에도 나의 노력과는 무관하게 이른바 '금수저와 흙수저'로 표현되는 대물림에 의한 부의 태생적 차이, 그리고 상위 5%의 부자가 전체 자산의 50% 가까이나 소유하는 부의 초집중 현상, 서울 강남과 촌락에서 느끼는 삶의 질적 차이를 부정할 수 없는 것이 현실이다. 이러한 빈부의 차이를 줄이도록 노력하며, 부가 우리 모두의 것으로 골고루 나누어질 수 있도록 애쓰는 것이 정부의 역할이다.

물론 모두가 잘사는 행복한 나라를 희망한다고 해서 막무가내로 부자의 것을 빼앗아 가난한 사람들에게 나눠줄 수는 없다. 부자들이 더 많은 세금을 내게 하는 등의 정당한 방법을 통해 부를 재분배할 수는 있겠으나 부당한 방법으로 부의 균형을 잡는 것은 또 다른 의미의 폭력이 될 수 있다.

그렇다면 어떻게 부의 균형을 찾을 것인가? 부의 재분배보다 중요한 것이 경제성장을 통한 부의 절대적 규모를 키우는 것이다. 그리고 그 과정에서 부가 한쪽으로 쏠리지 않고 모두에게 균형 있게 돌아가도록 하는 것이 중요하다. 즉, 원하는 사람은 누구나 적극적인 경제활동을 통해 부를 창조할 수 있도록 제도와 시스템으로 뒷받침을 하는 것이다. 이를 위해선 글로벌 경쟁력 확보를 통한 경제성장은 물론이고, 양질의 좋은 일자리가 많이 만들어지는 혁신 창업이 활성화되어야 하고, 더불어 지역의 균형적 경제발전과 자립경제가 이루어져야 한다.

모두가 부자가 되기는 어렵지만 일하고 싶은 사람이 일할 수 있는, 열심히 일한 만큼의 정당한 대가를 받는 공정한 사회를 만드는 것은 그리 어려운 일이 아니다. 제 살 깎아먹기 식의 비용경쟁이 아닌, 더 비싼 값을 치르고라도 갖고 싶고 경험하고 싶게 하는 제품과 서비스를 개발하고, 국내뿐만 아니라 글로벌을 무대로 최고의 기업이 되겠다는 꿈을 품고 도전하면 된다. 이런 기업이 많이 나온다면 양질의 안정적인 일자리가 많이 창출될 것이며, 일하고 싶은 사람은 누구나 자신의 능력과 노동에 대한 정당한 대가를 받으며 부를 획득할 수 있다.

한편 돈을 더 많이 벌고 안정적으로 버는 것만큼이나 중요한 것이 많은 돈을 들이지 않고도 충분히 편안하고 쾌적하게 살 수 있는 '저비용 사회'를 만드는 것이다. 이를 위해서는 '디지털 교육 뉴딜'을 통해 교육비를 획기적으로 줄이는 것처럼 주거, 의료, 돌봄 등의 생활비용을 최소화할 수 있는 사회 시스템이 필요하다. 예를 들면, 내가 사회에 기여한 만큼 내가 필요한 서비스를 이용할 수 있는 방식이라면 생활비용이 줄어들어 저비용으로 사회가 돌아갈 수 있다. 디지털 혁신의 시대에는 데이터가 가장 큰 자본인 만큼 '기여'란 데이터의 생산과 제공이 될 것이다. 저비용 사회를 위한 또 다른 방법은 일자리와 주거, 교육, 문화가 한 세트가 된 '콤팩트 도시'를 지방의 곳곳에 만드는 것이다. 학교, 도서관, 운동시설, 스마트 오피스 등을 유기적으로 연결하면 비용을 적게 들이면서 일하고, 운동하고, 공부할 수 있다. 코로나19의 영향으로 언택트 업무가 늘어나는 추세인 만큼 충분히 가능성이 있는 그림이다.

물론 저비용 사회를 만들기 위한 구체적인 솔루션은 각 분야의 전문가들이 머리를 맞대어 생각해내야 할 것이다. 그러나 모두가 잘사는 행복한 나라를 만드는 큰 방향은 정부와 정치 리더가 적극적으로 찾아야 한다.

　사회안전망이나 복지정책을 통한 부의 재분배에는 분명한 한계가 있다. 그리고 복지정책의 자원이 될 세금의 확보 또한 국민이 안정적으로 소득 활동을 할 수 있어야 가능한 일이다. 그래서 모두가 잘사는 행복한 나라는 경제성장과 그에 따른 양질의 안정적인 일자리 창출, 그리고 일한 만큼의 정당한 대가가 주어지는 부의 공정한 분배, 많은 돈을 들이지 않고도 쾌적하고 편리한 삶을 살 수 있는 시스템 등이 전제가 되어야 한다. 나와 내 가족의 삶을 책임지는 것이 힘들지 않은 사회, 일하는 것에서 보람을 느끼고 긍지를 느끼는 사회가 결국 모두가 잘사는 행복한 나라를 만든다.

●

오늘의 지식이
내일의 비즈니스로

혁신 창업이 활성화되기 위해서는 지식이 머릿속에만 머물지 않고 비즈니스로 연결되어야 한다. 지식을 쌓는 것만큼이나 중요한 것이 그것을 밖으로 꺼내 활용하는 것이다. 머릿속에서 아무리 많은 지식을 만들어 쌓아두어도 그것을 밖으로 꺼내어 활용하지 않으면 장롱 속의 황금두꺼비처럼 무용지물이다.

예로부터 배움을 중요하게 여겨온 우리나라는 대학 진학률이 전 세계 최고 수준이다. 1970년에 26%에 그쳤던 대학 진학률이 2008년에 이르러 83.8%로 정점을 찍고, 2019년에는 70%를 기록했다. 이렇듯 지식을 채우며 미래 인재가 될 준비를 마쳤으나 아직 우리 사회는 이들의 능력을 맘껏 활용할 준비가 충분히 되어 있지 않다.

'TODAY'S KNOWLEDGE, TOMORROW'S BUSINESS'

네덜란드 바헤닝언대학연구센터WUR; Wageningen University & Research 입구에 크게 쓰인 문구로, '오늘의 지식이 내일의 비즈니스가 된다'라는 의미가 담긴 글귀다. 오늘의 지식이 내일의 사업으로 연결되기 위해서는 무엇보다 대학부터 혁신해야 한다. 대학은 더이상 진리 탐구의 전당으로만 머물러서는 안 된다. 교육 혁신을 통해 학교에서 배운 지식이 사회에서 실용적이고 창의적으로 활용될 수 있도록 교육 시스템과 지식 시스템을 만들어야 한다.

대학의 혁신과 더불어 정부와 기업의 적극적인 노력도 필요하다. 지식이 창의적인 아이디어와 수익 창출로 이어질 수 있도록 정부와 기업의 적극적인 지원과 협업이 시스템으로 정착되어야 한다. 즉, 대학과 연구기관이 융합해 미래산업을 발전시킬 수 있는 지식을 생산해내고, 기업은 활발한 투자를 통해 지식이 미래산업으로 연결될 수 있도록 적극적으로 싹을 틔워주며, 정부는 이러한 지식 생태계와 벤처 생태계가 구축되고 작용하도록 주도적으로 이끌며 제도적으로 뒷받침해주어야 한다.

2020년 1월에 나는 이스라엘과 네덜란드, 싱가포르를 방문해 디지털 경제의 흐름을 파악하고 미래도시 준비 전략을 살펴보았다. 물론 이들 국가보다 더 큰 규모의 혁신과 성공을 거둔 나라도 있겠으나, 내가 이 세 나라에 주목한 이유는 국토의 면적이나 자원 등 객관적인 조건이 우리나라와 비슷하거나 오히려 못하기 때문이다. 그들이 해냈다면 우리도 충분히 가능한 일이다.

싱가포르는 강원도 원주보다 면적이 작은 섬나라이고 인구도 550만 정도이지만 1인당 GDP 6만 달러를 달성한 선진국이다. 네덜란드는 한국의 절반 정도의 국토와 3분의 1 정도의 인구를 가진 나라이지만 농축산물 수출량이 미국에 이어 세계 2위다. 이스라엘은 이렇다 할 자원 하나 없는 거친 사막의 땅에 세워진 나라이지만 세계적인 혁신 창업 국가로 손꼽힌다.

우리와 다를 바 없는 작은 국토와 척박한 환경에서 이들은 어떻게 혁신적으로 부강한 국가로 전환할 수 있었을까? 나는 그 리더십의 핵심이 무엇인지 궁금했다. 3주간의 여정 끝에 찾은 답은 지식이 창업으로 연결되는 범국가적인 시스템의 마련과 그러한 문화의 구축이었다.

세계 최고의 농업 경쟁력을 보유한 네덜란드는 시市·산産·학學, 즉 정부와 기업 그리고 대학이 힘을 합쳐 농업기술단지를 조성하고 농업 기술력을 키운 대표적인 국가다. 특히 인구 4만 명 남짓의 소도시 바헤닝언에는 유럽 최대 규모의 종합식품 산업단지인 '푸드밸리Food Valley'가 조성돼 있다. 이곳은 식품 하나로 연간 66조 원의 매출을 올리고 있다.

바헤닝언은 본래 농업계의 하버드대로 알려진 유럽 제1 농업대학인 바헤닝언대학교가 있는 곳으로 익숙한 지역이었으나 지금은 네덜란드의 대표적인 식품 클러스터인 푸드밸리의 중심지로 더 잘 알려져 있다.

바헤닝언대학교는 1997년에 국립농업연구소와 통합하면서 바헤닝언대학연구센터로 공식 명칭을 바꿨다. 농업과 생명공학에 우수한 재능과 열정을 가진 학생들이 모여 혁신적인 연구에 집중하니 바헤닝언대학연구센터를 중심으로 네슬레, 유니레버, 하인즈 등과 같은 세계적인 농식품 기업들이 모여들고, 기업의 연구소와 생산설비까지 보태어지니 연구가 더욱 활성화되었다.

여기에 정부 또한 신기술 개발을 위한 적극적인 지원을 아끼지 않는다. 연구자금의 경우 기업이 35%, 네덜란드 정부가 출연한 재단에서 50%, 바헤닝언대학연구센터가 15%를 댄다고 한다. 대학과 기업, 정부가 협력하여 경쟁력 있는 미래산업을 창조함으로써 공존과 발전을 모색하는 시·산·학 협력의 대표적인 모델이라 할 수 있다.

이스라엘 역시 우리나라와 같은 좁은 국토, 제한된 자원 등의 열악한 환경에서 과학기술을 통해 세계적인 창업 강국이 되었다. 이스라엘은 자원은커녕 물 한 방울 없는 척박한 사막에서 세계 최고의 혁신 국가를 건설했다. 더 놀라운 것은, 이스라엘은 황무지와도 같은 국토에서 살아남고 번영을 누리기 위해 전쟁을 통한 영토 확장이 아닌 '과학'을 선택했다는 사실이다. 이스라엘은 남의 것을 빼앗지 않고도 새로운 것을 무한하게 얻을 수 있는 것이 과학이라고 판단하고, 과학기술의 교육과 연구에 국가의 사활을 걸었다.

"과학은 영토와 달리 국경이나 국적이 없다. 과학은 탱크로 정복할 수 없고, 전투기로 보호받을 수 없다. 과학은 한계가 없다. 다른 국가로부터 어떤 것도 강제로 빼앗지 않고 과학적 업적을 신장시킬 수 있다. 그리고 그 위대한 과학적 업적은 국가의 모든 부를 끌어올릴 수 있다. 인류 역사상 처음으로 아무도 패배하지 않고 모두가 승리할 수 있는 수단을 갖게 되는 것이다."

이스라엘을 세계 최고의 혁신 국가로 만든 시몬 페레스가 한 말이다. 페레스의 말대로 이스라엘은 지식과 과학기술을 통해 국가의 부를 끌어올리고 국민의 삶을 평온과 행복으로 이끌었다.

이스라엘은 건국 36년 전인 1912년에 이미 과학기술 연구개발과 교육을 위해 테크니온공대The Technion–Israel Institute of Technology를 설립했다. 테크니온공대는 지금으로 치면 한국의 카이스트, 미국의 매사추세츠공대MIT와 같은 공과대학이다.

남들에겐 거저 주어지는 물조차 없는 땅에 나라를 세워야 하는 상황이라 결국 타고난 두뇌와 과학기술의 힘으로 생존을 모색하고 번영을 꾀해야 했다. 화학자이자 이스라엘 초대 대통령을 지냈던 하임 바이츠만Chaim Weizmann(1874~1952) 대통령 또한 기초연구를 바탕으로 하는 기술혁신만이 이스라엘에 번영을 가져올 수 있다고 판단했다. 그는 1934년 다니엘 시에프 연구소^{Daniel Sieff Research Institite}를 설립해 과학 분야의 기초연구를 위한 기반을 마련했다. 1949년에 다니엘 시에프 연구소는 와이즈만(바이츠만) 연구소^{Weizmann Institute of Science}로 이름을 바꿨고, 현재 세계 5대 기초과학연구소로 성장했다.

와이즈만 연구소는 기초과학이 학문과 연구에만 머물지 않고 산업으로 연결되도록 1959년 세계 최초의 기술지주회사인 '예다^{Yeda}'를 설립했다. 예다는 세계 73개 기업에 기술을 수출하고 있으며, 이를 통해 얻는 로열티 수입만 연간 1,000억 원이 넘는다. 또한 이스라엘 정부도 창업 인큐베이터와 요즈마 펀드^{Yozma Fund}를 설립해 창업 기업에 적극적인 지원을 한다.

이스라엘 또한 네덜란드처럼 기업과 정부의 적극적인 지원과 협력으로 학문과 기술이 창조적인 비즈니스로 성장한 국가다. 이를 통해 국민의 삶이 더욱 풍족하고 평안해졌으며 국가 또한 부강해졌다.

사방이 사막이고 강수량도 모자란 이스라엘의 가장 큰 문제는 식수였다. 이를 해결하기 위해 이스라엘은 52센트의 전기료만 투자하면 바닷물 1톤을 담수로 바꾸는 혁신적인 기술을 개발했다. 그뿐만이 아니다. 석유를 비롯해 마땅한 에너지원을 안정적으로 확보하기 힘든 상황에서 원자력 에너지 확보가 절실했다. 이를 위해 이스라엘은 세계 최초로 중수를 이용해 중성자를 흡수하여 안정적으로 원자력발전소를 운용하는 원자력 안전기술을 개발했다. 전 세계 원자력발전소의 80%가

1980년대 후반부터 지어졌는데, 대부분 이스라엘의 특허 기술로 만들어진 것들이다. 이 외에도 인터넷 보안 기술, USB 등이 모두 이스라엘 과학자들과 기술자들의 머리와 손을 거쳐 세상에 나온 것들이다.

디지털 혁명으로 지식과 과학기술이 최고의 자원인 세상이 되었다. 인류는 이미 석유나 석탄과 같은 기존의 자원에서 벗어나 지식과 과학 기술을 통한 새로운 돌파구를 찾아야 할 때를 맞았다. 우리나라 또한 과학기술을 통한 혁신 창업을 실현시키기 위해서는 앞서 나아간 선진 국가의 모델을 적극적으로 분석하고 벤치마킹할 필요가 있다. 국토가 좁다고, 자원이 부족하다고 이루지 못할 것은 없다. 우리보다 더 열악한 환경에서도 길을 만들고 혁신 창업으로 국가를 부강하게 한 나라들이 있다. 우리가 해내지 못할 이유가 없다.

●

모든 국토가 미래의 땅,
희망의 땅이다

지식이 비즈니스로 연결되고, 대학과 정부와 기업이 긴밀히 협조하여 혁신 창업이 활성화된다고 해도 그것이 특정 지역에 국한된 발전이라면 부의 균형을 이루기가 힘들다. 혁신 창업을 통해 양질의 일자리를 창출하고 이를 통해 대한민국의 모든 지역에서 경제성장이 고루 이루어질 때 부의 균형도 더욱 가까워진다.

우리나라는 다른 나라들이 100년이 넘게 걸려 이루어낸 것들을 약 50년이라는 시간으로 단축하여 해냄으로써 압축성장을 해왔다. 이때 급속한 경제성장을 위해 기업, 국가기관, 학교는 물론이고 다양한 인프라와 생활편의시설 등을 수도권에 편중시킨 집중화 정책을 펼쳤고, 그 부작용으로 수도권 과밀화 현상이 발생했다.

현재 우리나라는 국토의 0.6%의 면적에 불과한 서울에 전체 인구의 20%에 달하는 사람이 모여 살고 있다. 게다가 우리나라 인구의 절반 가까이가 서울을 포함한 인천과 경기의 수도권 지역에 몰려 있다. 2019년 7월, 우리나라는 총인구 5,170만 9,000명 중에 수도권 인구가 2,584만 4,000명에 달하면서 전체 인구의 49.98%를 차지했다.

모두가 너나없이 서울로 몰려드는 것은 그만큼 매력과 경쟁력이 뒷받침되는 도시이기 때문이다. 우수한 학교, 다양한 문화 시설, 편리한 교통, 내로라하는 기업 등 좋은 것은 모두 서울에 있는 데다, 허리띠 조여서 어렵사리 사둔 집은 1년이 멀다 하고 그 가치가 상승하니 서울은 그야말로 치명적인 매력을 가진 도시가 아닐 수 없다. 오죽하면 '서울공화국'이라는 말이 다 나왔을까.

지역의 불균형적인 발전은 당장 피부로 느끼는 불편함을 넘어 부당함으로까지 여겨지는 문제다. 서울의 불균형적인 성장은 서울에 살면서 내 집을 가진 사람들에게나 득이 되고 좋을 뿐 그 외의 사람들에겐 상대적 박탈감과 한숨만 안겨줄 뿐이다. 때마다 잊지 않고 인상되는 임대보증금과 월세는 집 없는 설움이 무엇인지를 제대로 느끼게 해준다. 그럼에도 쉽게 서울을 떠날 수 없는 것은, '우수한 학교', '우수한 직장' 등 너무 많은 것이 서울에 있기 때문이다.

게다가 이처럼 서울과 수도권이 비대하게 살찌는 동안 지방의 중소도시, 그리고 농촌과 산촌, 어촌과 같은 촌락은 갈수록 메말라가고 있다. 대학에 진학하고 취업을 하기 위해 청년들이 서울과 수도권으로 이동하니 지방 소도시와 농촌은 노인 인구만 점점 더 늘어나 생산력과 경쟁력이 약해지는 악순환에 빠지고 있다.

우리나라는 국토의 80% 이상이 농촌, 산촌, 어촌과 같은 촌락이지만, 이곳에 거주하는 사람은 전체 인구의 20%가 채 되지 않는다. 더군다나 주민의 대부분이 노인층이다 보니 정부의 지원 없이는 생활이 힘든 상황이다. 지방의 중소도시 역시 교육이나 산업 등에서 이렇다 할 경쟁력을 갖추지 못해 청년층이 계속 줄어들고 있어 어려움을 겪기는 매한가지다.

국토의 균형적인 발전은 노무현 대통령이 임기 5년 동안 꾸준히 그 중요성을 역설하며 관련 정책을 펼쳤던 부분이기도 하다. 당시로도 수도권의 과밀화된 인구를 지방으로 분산하여 천정부지로 뛰어오르는 서울의 집값을 안정화하고, 지방의 경쟁력을 강화하여 국토를 균형 있게 발전시키는 것이 무척 중요한 과제였다. 그는 "제도로 정착시키는 것은 나의 임기 안에 할 수 있다. 그러나 그것이 현실로 구현되고 성과를 내기까지는 10년, 20년, 30년이 걸릴 수 있다"며, 참여정부는 지역

발전 정책을 세밀하고 구체적으로 다듬을 것이니, 다 하지 못한 것은 다음 정부가 이어서 반드시 해내기를 당부했다.

이어진 정권들에서 국토의 균형적 경제발전을 위한 나름의 노력을 기울였으나 지금도 여전히 인구와 산업, 각종 인프라가 수도권에 집중된, 수도권 과밀화 현상은 해결하지 못하고 있다.

노무현 대통령은 재임 당시, 지역의 균형발전과 중소기업의 경쟁력 확보를 위해 세종시로 행정수도를 이전하는 계획을 추진했다. 그는 2002년에 대통령 선거를 치르는 과정에서 "당선되면 충청권에 행정수도를 건설해 청와대와 중앙부처를 옮기겠다"고 국민과 약속했다. 서울의 비정상적인 인구 과밀화와 그에 따른 집값 폭등, 지역의 불균형적인 발전 등을 해결하려는 방안 중 하나였다. 그러나 헌법재판소는 지방으로 수도를 옮기는 것을 위헌으로 판결했고, 결국 애초의 행정수도 이전 계획은 행정중심복합도시로 축소되어 정부기관 중 일부만 세종시로 이전하게 되었다. 이후 우여곡절을 겪으며 현재는 청와대와 국회 등 몇 군데만 제외하곤 대부분의 중앙부처가 이전한 상황이다.

당시 노무현 대통령은 세종시로 행정수도를 이전하는 계획과 더불어 수도권에 있던 공기업의 본사를 지방으로 이전하는 개혁도 추진했다. 그리고 해당 지역의 인재를 많이 채용할 것을 장려했다. 이 역시 지역의 균형 있는 발전을 위한 방안 중 하나였다.

그로부터 시간이 한참 흐른 현재, 수도권 인구 과밀화 현상은 여전히 줄어들 기세가 보이지 않고 지방은 더욱 경쟁력을 잃어가고 있다. 국토의 90%가 보조금 없이는 살기 힘들 정도로 자생력을 잃어가고 있다. 노무현 대통령이 열어둔 그 길을 더욱 탄탄하게 닦지 않고서는 이러한 현상을 극복하기 힘들 것이다. 대한민국 영토의 90%를 차지하는 지방의 중소도시와 촌락을 미래의 땅, 희망의 땅으로 만들어나가는 것이 우리의 최대 과제가 되어야 한다. 막연히 지방 도시와 촌락이 잘살아야 한다는 것이 아닌 수백 년을 이어갈 산업을 만들고 그 바탕이 될 교육을 세우며, 그것이 최고의 경쟁력이 되어 부를 창출하는 선순환 구조를 만들어야 한다.

지역 대학의 경쟁력 강화, 다양한 문화 시설의 확충, 편리한 교통 시설, 그리고 무엇보다 양질의 일자리 창출 등을 통해 지방 도시와 촌락의 경쟁력을 강화해야 한다. 지방이 서울만큼 살기 좋은 곳, 아니 서울보다 더 살기 좋은 곳으로 변화하는 것만이 모두가 골고루 잘사는 나라가 되는 길이다.

●

혁신도시 2.0을 구축하다

톱니바퀴가 멈추지 않고 잘 돌아가려면 연결된 톱니끼리 아귀가 잘 맞아야 한다. 일도 마찬가지다. 일상의 사소한 것들부터 국가 차원의 큰 계획까지, 삐걱거림이나 막힘 없이 순조롭게 잘 진행하기 위해선 먼저 계획을 추진하는 데 필요한 톱니바퀴들이 모두 잘 갖춰줘야 한다. 그리고 각 톱니바퀴의 톱니들이 모두 잘 맞물려 서로 끌어당기고 밀어주며 매끄럽게 굴러가야 한다.

지방 도시가 활기를 띠고 자생력을 갖추게 하려면 산업과 교육, 교통, 문화의 톱니바퀴가 골고루 잘 준비되어야 한다. 노무현 대통령 시절에 계획하여 추진된 제1세대 혁신도시인 세종시의 경우, 공공기관과 공기업의 이전이라는 톱니바퀴는 나름의 준비가 되었지만 다른 톱니바퀴들이 제대로 준비가 되지 않은 탓에 기대와는 다른 결과를 가져왔다.

현재 세종시로 이전한 공기업과 공공기관에 근무하는 직원들 중 약 30% 정도만 세종시에 거주하고 나머지는 서울과 수도권 지역에 거주하며 출퇴근을 하거나 주말부부 생활을 하고 있다. 직장생활은 세종시에서 하지만 실질적인 소비 활동은 서울과 수도권에서 이루어지니 세종시의 경기 활성화에 별다른 도움을 주지 못한다.

70%의 직원들이 불편함을 감수하고라도 거주지를 세종시로 옮기지 않는 이유 중 가장 큰 것이 자녀의 '교육'이다. 유치원부터 초·중·고교와 같은 공적 교육 시스템이 세종시보다는 서울과 수도권이 더 우수하다고 판단해 장거리 출퇴근의 불편함까지 감수하는 것이다. 그 외에도 수준 높은 의료시설, 다양한 문화적 혜택 등 아직은 세종 혁신도시보다는 서울에서 누릴 수 있는 혜택이 더 많다고 여기기에 선뜻 거주

지를 옮기지 못한다.

사실 진정한 의미의 혁신도시는 일자리, 주거, 교육, 의료, 문화 등 삶의 질을 결정하는 중요한 요건을 모두 갖춘 자족형 도시를 말한다. 이러한 이상적인 형태의 미래도시가 완성되려면 공공기관의 이전을 필두로 지역의 기업과 대학, 연구소 등이 긴밀하게 협력하여 윈윈하는 전략을 세워야 한다. 그리고 쾌적한 주거시설과 수준 높은 교육, 문화, 의료 등의 생활환경을 갖추어 주민들이 안정적으로 자리 잡고 살아갈 수 있도록 해야 한다.

십수 년 전 노무현 대통령 또한 이러한 혁신도시를 꿈꾸며 공공기관과 공기업 이전의 첫 시작을 열었다. 이제 제1세대 혁신도시에서 더욱 진화된, 혁신도시 2.0을 계획하고 추진해야 한다. 이를 위해서는 혁신도시 건설에 필요한 톱니바퀴들을 제대로 준비하고 이들이 서로 잘 맞물려 돌아갈 수 있도록 탄탄한 시스템을 갖추는 것이 중요하다.

공공기관의 지방 이전을 통해 국가의 균형 있는 발전을 이루겠다는 목적을 달성하기 위해서는 유관 기관 및 교육 기관과의 유기적 협력을 강화하는 도시·산업·학교의 연계 시스템 구축이 필요하다. 앞서 언급한 삼성그룹과 성균관대학교의 모델처럼 기업과 지역 대학교의 유기적 협력구조를 강화하는 것이다. 포항제철이 포항공대를 지원하고 협력하면서 세계적인 대학으로 성장시킨 것 역시 산업과 학교의 연계가 이루어낸 성과다.

기업과 대학이 윈윈하는 구조를 만들기 위해서는 지자체가 지역 내의 기업과 학교를 연결하는 활동에 적극적으로 나서야 한다. 교육과 기업을 하나의 특화된 산업에 집중시킴으로써 해당 지역을 특화도시로 만들어 차별화된 경쟁력을 갖추도록 이끌어야 한다. 예를 들면 전라북도에는 농촌진흥청을 비롯해 농업과 관련된 공기업들이 모여 있다. 이 기관들이 인근 대학과 협력해서 농업을 미래산업으로 성장시키면 전라북도를 농업 특화 지역으로 발전시킬 수 있다. 이를 위해서는 지자체와 정부가 협력하여 최고 수준의 초·중·고교 시설이 갖춰지도록 해야 하고, 대학에서는 지식이 곧 비즈니스로 연결되는 특화된 지식을 만들 수 있는 시스템을 갖춰야 한다.

나는 2020년 4월, 강원도 원주에서 국회의원에 출마하며 "1호 법안으로 공공기관이 지역 대학과 지역 인재를 키우는 혁신도시법(혁신도시 조성 및 발전에 관한 특별법) 개정안을 내겠다"는 공약을 내걸었다. 강원도는 공공기관 채용 인원이 3,200명인데, 지역 인재 의무채용 대상 인원은 650명에 불과하다. 게다가 이 중 25%인 166명만 지역 인재로 채용되는 것이 현실이다. 이에 나는 지역의 대학들과 혁신도시 공공기관이 상호 협력관계를 맺고, '계약학과 시스템'을 도입해 대학에 합격하면 해당 지역의 공공기관에 취업하는 것이 보장되도록 법 개정을 추진하려는 것이다. 이를 통해 지역의 청년들은 양질의 일자리를 구할 수 있고, 공공기관과 기업은 지역에 특화된 우수한 인재를 확보할 수 있으며, 혁신도시 조성 취지에 맞게 지방대학 활성화도 기대할 수 있다.

계약학과 시스템은 대학의 특정 학과와 지역의 우수한 기업체가 '계약'을 맺은 뒤, 신입생을 함께 선발하고 교육과정에도 함께 참여하여 해당 학과 학생들의 역량을 공동으로 관리하는 시스템이다. 이론과 실무를 함께 가르치며 100% 채용으로 이어지니 학생들과 기업 모두에 맞춤형 취업과 고용의 효과를 창출할 수 있다. 그런데 여기에 지역의 여러 공공기관까지 합류한다면 해당 공공기관은 물론 더 많은 학과의 학생들이 계약학과 시스템의 혜택을 누릴 수 있을 것이다.

혁신도시는 어떤 전략을 세우느냐가 성공의 관건이다. 지자체와 목표를 공유하고 전략적으로 계획을 수립하는, 철저한 기획의 산물이다. 예를 들면 시장과 각 대학의 총장, 교육감, 상공회의소, 기업인이 참여하는 '지역 산업 일자리 창조 위원회'를 구성해 지역 산업을 부양할 정책과 일자리를 만들어내는 전략을 수립할 수도 있다. 또 공공기관 퇴직자를 대학의 연구교수로 채용하여 실무교육을 강화하는 '연구교수 제도', 베드타운 지역에 기업이 투자한 학교를 짓도록 유도하기, 지역 기업과 중·고등학교를 연결하여 진로 적성 직업교육을 하도록 하는 '1사 1교 결연 프로그램' 등 다양한 실행 아이디어가 있다.

간절히 바라면 이루어진다는 말은 실행을 전제로 한다. 반드시 이루어야 할 목표가 있다면 그것을 이룰 수 있는 구체적인 방법들을 찾고 실행해야 한다. 지방의 중소도시가 탁월한 경쟁력을 갖춰 강한 도시로 거듭난 사례는 세계의 역사에서 얼마든지 찾을 수 있다. 이들의 사례를 통해 희망을 얻는 것은 물론이고, 구체적인 전략을 벤치마킹하여 실행한다면 우리나라도 충분한 경쟁력을 갖춘 혁신도시 2.0을 많이 만들 수 있다. 실행하지 않는 상상은 영원히 공상으로 머물지만 치밀한 전략과 적극적인 실행이 뒷받침된 상상은 머지않은 미래에 현실이 된다.

●

산 넘어 산이
미래의 땅으로

혁신도시 2.0의 건설은 서울과 수도권의 과밀화를 해결하고 지역의 균형적인 발전에도 도움을 줄 것으로 기대된다. 그런데 혁신도시는 공공기관과 기업, 대학을 비롯하여 주거시설과 교육, 문화, 교통시설 등의 인프라를 갖추어야 하기에 일정 수준 이상의 도시 규모를 전제로 한다. 따라서 진정한 의미의 국토 균형발전을 이루려면 중소도시나 촌락에 대한 개발 계획 또한 짜임새 있게 준비되어야 한다. 더군다나 우리나라는 국토의 약 63%가 산림이며, 이 산림이 삶의 터전인 산촌과 그외 농촌 및 어촌까지 합하면 촌락은 그 이상의 규모다. 이러한 촌락과 소도시가 경제적인 자생력을 갖출 수 있도록 돕는 것이 국토 균형발전을 이루는 핵심이 될 것이다.

가까운 일본의 경우를 보면, 전체 면적의 90% 정도가 산림인 촌락이 자연환경을 활용한 비즈니스 창출로 자생력을 갖춘 사례가 있다. 일본의 도쿠시마현에 있는 가미카쓰 마을은 나뭇잎 하나로 연간 26억 원의 수익을 올리는 작은 농촌 마을이다. 이 마을은 고급요리의 장식으로 사용되는 나뭇잎과 꽃 등을 재배하고 판매하는 농업 비즈니스로 죽어가던 마을을 다시 부흥시켰다.

1,700여 명의 주민이 모여 사는 작은 시골 마을인 가미카쓰는 주위가 온통 숲과 언덕인 탓에 농사를 짓는 것조차 여의치가 않다. 게다가 여느 시골 마을처럼 가미카쓰 마을의 청년들은 직장과 자녀교육을 위해 대도시로 이동했고, 남겨진 부모 세대가 늘면서 인구의 절반 이상이 65세 이상의 고령자다. 그러나 이 마을은 현재 쇠락이 아닌 부흥의 길을 걷고 있다. 나뭇잎 사업으로 농가당 연평균 3,000만 원 이상의 안정적인 수입을 얻고 있고, 1억 원의 연봉을 받는 할머니 샐러리맨도 생겼을 정도다. 또 지난 2013년부터는 비록 소량이기는 하나 프랑스, 미국, 태국 등에 수출도 하고 있다.

산골에 지천으로 깔린 흔한 나뭇잎으로 마을을 살릴 비즈니스를 만든 것도 대단하지만 더욱 놀라운 것은 고령자가 절반 이상임에도 불구하고 마을 사람들 대부분이 디지털 기술을 충분히 활용한다는 점이다. 단풍잎, 은행잎 등 자연에서 채취한 300여 종의 나뭇잎이 주된 상품이고, 나뭇잎 사업에 참여하는 농가의 구성원 역시 노인과 여성들이 대부분이지만 유통과 판매 과정에는 최첨단 기술이 활용되고 있다. 메신저를 통해 모든 구성원이 정보를 실시간으로 공유하고, IT 기술이 접목된 디지털 시스템을 활용하여 생산량과 출하량 등을 관리한다.

나뭇잎 비즈니스의 성공은 마을의 경제적 안정과 더불어 삶의 질을 향상시켰고, 덕분에 마을을 떠났던 젊은이들 중에는 다시 돌아와 나뭇잎 비즈니스에 동참하며 부모 세대와 함께 꿈을 현실로 만들어가는 이들도 있다.

이처럼 자연환경의 한계를 극복하고 위기를 기회로 만든 사례나 특화된 산업으로 도시 경제를 부흥시킨 사례는 북유럽의 여러 나라에서도 찾아볼 수 있다. 북유럽은 주민이 수만 명밖에 되지 않는 마을에서 세계적인 산업을 만들어내고 지속적인 수입을 창출하며 부를 누리는 경우가 적지 않다.

스위스에서는 2,000~3,000m 높이의 산악 지역에서도 목축업을 하고 치즈를 생산하면서 관광객을 유치하는 등 산업을 만들어낸다. 오스트리아의 소도시 인스부르크에는 120년 전통을 자랑하는 세계적인 크리스털 브랜드인 스와로브스키의 본사가 자리하고 있으며, 창립 100주년을 기념하며 개관한 크리스털 박물관이자 테마파크인 스와로브스키 크리스털 월드는 인스부르크의 관광 비즈니스에도 큰 힘을 실어주고 있다. 또 앞서 소개한 네덜란드의 바헤닝언은 식품산업 하나로만 연간 66조 원의 산업을 만들어내고 있다.

지역의 특색을 잘 살린 산업을 만들어내고 활성화하는 것은 해당 지역뿐만 아니라 국가 전체의 균형발전을 이끌어 국민의 삶의 질을 끌어올리고 국가의 힘을 키우는 데도 큰 도움이 된다. 우리나라도 앞서 말했듯이 도시와 산업과 학교가 연계하여 윈윈 시스템을 구축하면 얼마든지 세계적인 산업을 만들어내어 도시를 활성화할 수 있다.

경상남도 진주에는 공기업인 한국토지주택공사의 본사가 있다. 진주에 있는 국립대학인 경상대학교가 한국토지주택공사와 협력하여 주택과 토지, 건설 등 도시계획과 관련한 부분으로 특화해나간다면 대학은 물론이고 도시 전체가 경쟁력을 강화할 수 있다. 이때 유치원부터 초·중·고교에 이르기까지 수준 높은 교육 시스템이 뒷받침된다면 한국토지주택공사와 연결된, 대한민국에 주택을 공급하는 수많은 건설사와 연구원들이 진주에 터를 잡고 산업을 발전시킬 것이다. 그리고 경상대학교를 비롯한 인근의 대학들은 한국토지주택공사나 건설회사들이 필요로 하는 R&D를 통해 실질적인 지식을 만들어감으로써 대학과 산업에 선순환 구조가 형성되고, 이것이 곧 지역을 살리는 강력한 에너지로 작용할 수 있다.

이러한 시·산·학의 협력구조를 바탕으로, 아파트 거주자들을 위해 당장 필요한 '층간소음을 없애는 기술'부터 진주시에 거주하는 모든 시민을 위한 에너지 효율 극대화 시스템까지, 국내 최고는 물론 세계 최고의 기술을 만들어낸다면 진주는 대한민국을 넘어 세계적인 도시로 성장할 수 있다.

상상 속에서나 가능한 일처럼 들릴지도 모르지만, 실제로 세계의 여러 도시가 이러한 전략으로 최고의 혁신도시로 성장했다. 실리콘밸리는 IT 하나로 특화된 도시이고 할리우드는 영화 산업 하나로 특화된 도시다. 나파 밸리는 포도주 하나로 특화된 도시이며, 라스베이거스는 처음에는 카지노로 시작했지만 지금은 컨벤션으로 특화된 도시다. 대한민국도 시·산·학이 협력한다면 건설기술로 특화된 도시, 식품으로 특화된 도시, 관광산업으로 특화된 도시 등 얼마든지 경쟁력을 갖춘 세계적인 도시를 창조할 수 있다. 국토의 63%가 산지인 '산 넘어 산'은 절망이 아닌, 어떻게 극복하고 활용하느냐에 따라 희망을 안겨줄 미래의 땅이 될 수 있다.

●

국민의 미래를 여는
건강한 복지가 필요하다

부의 재분배보다 앞서 해야 할 일이 부의 절대적 규모를 늘리는 것이라고 했다. 이를 위한 방법론으로 혁신 창업을 통한 산업경쟁력 강화와 글로벌 경쟁력 강화, 그리고 이를 통한 안정적인 일자리 창출, 혁신도시 2.0 건설과 경제적 자생력을 통한 지역의 균형발전을 들었다. 그런데 이 모든 것에서 소외될 위험이 있는 사람들이 있다. 바로 일을 하고 싶으나 일을 할 수 없는 상황에 놓인, 국가와 사회의 보호가 필요한 중증장애인이나 연로하여 거동이 힘든 노인 등과 같은 취약계층의 사람들이다.

물론 현재도 우리나라는 이러한 취약계층을 위한 복지정책을 펼치고 있다. 그러나 허술한 정책이나 시스템으로 인해 비용 대비 효율이 낮은 데다, 복지의 사각지대에 놓인 사람들도 적지 않다. 경제성장을 통해 복지비용을 늘린다고 해도 그것이 써야 할 곳에 쓰이지 않는다면 소용이 없다. 그래서 부의 재분배에서 가장 먼저 살펴야 할 것이 복지비용의 효율성을 높이고 사각지대를 없애기 위한 정책과 시스템의 개선 및 보완이다.

10여 년 전의 일이다. 나는 여러 해 동안 강원도에서 '사랑의 연탄 나누기 운동'을 하면서 경제적으로 큰 어려움을 겪는 많은 이웃을 만나보았다. 대표적인 석탄 생산지였던 강원도의 태백, 영월, 정선의 탄광들이 줄을 이어 폐광하자 지역 경제가 급격하게 어려워졌다.

내 고향이기도 한 그곳에서 매년 연탄을 나르는 봉사를 하며 느꼈던 것 중 하나가 '저 집은 더 가난해 보이는데 연탄이 왜 100장밖에 지원이 안 되고 저 집은 창고에 연탄이 넉넉히 쌓여 있고 살림도 더 나아 보이는데 왜 연탄을 400장이나 지원해줄까?'였다. 그래 봤자 도토리 키재기 수준의 살림들이었지만, 그럼에도 연탄 한 장이라도 가난의 경중을 따져 그에 따른 맞춤형 지원을 하는 것이 복지정책의 참 의미가 아닌가 하는 생각이 들었다.

이는 단지 연탄 한두 장의 이야기가 아니다. 지난 2014년에는 전국의 영구임대주택 거주 가구 가운데 국내 고급 대형 승용차를 보유한 가구가 477개였으며, 벤츠, 아우디, BMW, 렉서스, 폭스바겐 등 고가의 외제차량을 보유한 가구도 100개나 됐다. 영구임대주택은 기초생활이 어려운 사람들의 주거 안정을 위해 국가가 저렴한 임대 조건으로 영구적으로 제공하는 주택이며, 재원은 당연히 국민의 세금이다. 국민의 귀한 혈세가 엉뚱한 이들을 위한 복지비용으로 사용되는 동안 정작 필요한 사람은 아무런 혜택을 받지 못하는 것은 아닌지 꼼꼼하게 점검하는 것 역시 국가의 임무다.

구멍이 숭숭 뚫린 허술한 정책으로 귀한 복지예산이 엉뚱한 곳에 사용되는 것도 답답한 노릇이지만 정말 필요한 사람들에게 그 혜택이 돌아가지 않는 것 또한 안타깝기 그지없다. 2019년 복지의 사각지대에 있던 노인들이 화재로 목숨을 잃은 일이 있었다. 그해 8월, 전북 전주에 있는 허름한 여인숙에 화재가 발생해 장기 투숙을 하던 투숙객 3명이 숨진 사건이 있었다. 해당 여인숙은 한 달에 일정액의 돈을 내고 방을 쓰는 사람들이 대부분인 이른바 '달방'이라는 곳이었다. 사망자 중에는 폐지를 주워 어렵게 생계를 꾸리는 노인이 둘이나 있어 안타까움을 더했다.

폐지를 주워서 월 12만 원짜리 방에 기거하던 가난한 노인임에도 공공임대주택이나 주거급여 등의 복지혜택을 받지 못한 것은 다름 아닌 '국가가 정의한 복지 대상이 아니기 때문'이다. 전주시 관계자의 조사에 의하면 고인 중 한 노인은 주민등록상의 주소지가 여인숙이 아닌 다른 곳인 데다 아들과 함께 등록돼 있었던 탓에, 또 다른 노인은 일부 재산과 부양가족이 있다는 이유로 이러한 최소한의 복지혜택조차 누리지 못했다.

정부가 복지혜택을 제공할 때 근거가 되는 주민등록상의 주소지나 부양가족 유무 등의 내용이 반드시 실제와 일치하는 것은 아니다. 이를 고려한다면 저소득층의 주거 안정을 도모하기 위한 복지정책인 공공임대주택이나 주거급여 등을 비롯한 여러 복지혜택의 대상자를 선별할 때 더욱 다양한 기준들을 적용해야 한다.

기존의 주먹구구식이 아닌 국민의 실제 생활을 정확히 파악할 수 있는 데이터 시스템을 바탕으로 행정이 시작되어야 한다. 국세청, 건강보험공단, 고용보험공단, 국민연금공단, 건설교통부 등의 데이터만 통합하고 연계해도 복지혜택 수급 대상자를 선정하는 데 참고할 경제활동 여부, 주거 상태, 소득 수준, 자식 부양 여부 등의 기본적인 정보가 확보된다. 특히 요즘처럼 디지털 기술이 고도로 발달한 시대에 이는 의지만 있다면 어렵지 않게 할 수 있는 일이다. 복잡하고 어렵다는 이유로 해야 할 것을 하지 않고 미루는 것은 직무유기다. 그것이 국민의 혈세로 이루어지는 일이라면 더더욱 그러하다. 다들 힘든 현실에도 불구하고 충실히 납세의 의무를 다하는 것은 나보다 더 힘든 그 누군가를 위해서다. 디지털 기술의 발달로 그 길이 열렸다면 핑계 뒤에 숨지 말고 어떻게든 방법을 찾아야 한다.

데이터를 기초로 정확한 정보를 파악하여 어려운 이웃들에게 최적의 복지를 지원하는 것이 복지정책의 첫 출발이다. 그리고 데이터에 근거한 복지정책은 허투루 새는 돈을 막아주어 복지예산의 낭비를 차단하는 길이기도 하다. 그럼에도 정부가 데이터 통합을 적극적으로 추진하지 않는 것은 부처 간 이견, 관련자 간 이해 충돌 등의 문제에서 '우리'가 아닌 '나'부터 챙기려는 이기주의 때문이라 할 수 있다.

이런 부처 간 이기주의를 극복하고 국민을 근본으로 여기는 올바른 정책의 실현이 시급하다. 더불어 국민이 자신의 개인 정보를 활용하는 것에 불안감을 느끼지 않도록 개인정보의 안전성을 확보하는 방안도 반드시 마련되어야 한다.

한편 복지예산을 정확한 정보에 근거해 효율적으로 사용하는 것만큼 중요한 것이 복지의 사각지대를 없애는 것이다. 나는 오래전부터 강원도에서 지역아동센터 아이들을 돕는 일을 하고 있다. 그 일을 하며 느낀 점 중 하나는, 우리나라의 복지정책은 선거권이 없는 미성년 아이들에게 무척 인색하다는 것이다. 전국의 지역아동센터 대부분이 돌봐야 할 아동의 수에 비해 교사가 턱없이 부족한 실정이다. 특히 장애가 있는 아동을 돌보는 지역아동센터의 경우 일반 센터와 같은 기준으로 교사가 배정돼 세심한 돌봄이 어렵다. 법 규정이 현실을 제대로 반영하지 못하는 이유도 크고 예산이 부족한 탓도 있다.

지역아동센터의 아이들과 같이 가정 내 돌봄이 힘든 취약계층의 아이들 역시 우리가 함께 끌어안아야 한다. 아이들은 우리의 미래다. 저마다 타고난 재능을 훌륭히 꽃피울 수 있도록 돕고 더 많은 기회를 줄 수 있는 사회적 시스템이 필요하다. 선거권과는 무관하게 국가는 도움이 필요한 모든 국민을 보호하고 그들의 미래를 열 수 있는 미래지향적인 투자를 하는 것이 진정한 복지며 건강한 복지다.

물론 복지의 사각지대에 놓인 국민은 비단 취약계층의 아동들만이 아니다. 2019년의 통계 자료에 따르면 복지 사각지대에 놓인 빈곤층이 100만 명에 육박한다고 한다. 더군다나 2020년은 코로나19로 인한 경제적 위기로 빈곤의 어려움을 겪는 국민이 더 늘어난 만큼 복지정책이 더욱 촘촘해지고 세심해져야 한다. 스웨덴의 경우 정부가 국민 한 사람 한 사람에 대해 세밀하게 파악하고 각자가 처한 상황을 잘 이해하고 있다. 공공 빅데이터를 연계하여 지금 소득 활동을 하고 있는지, 실업 상태인지, 공과금은 냈는지 안 냈는지 등 개개인의 처지를 세밀히 파악하고, 만약 복지혜택이 필요한 상황이라면 그에 따라 맞춤형 복지를 제공한다.

최근 우리나라도 공공 및 민간 기관의 빅데이터를 수집하고 활용하여 각종 공과금, 국민연금, 건강보험료, 소득 단절 위기, 금융 연체 등의 정보에 근거해 위기에 놓인 가구를 정기적으로 찾아내고, 그에 맞는 맞춤형 복지를 시행하려고 추진 중이다. 또 복지혜택을 받으려면 당사자가 직접 기관에 신청해야 하는 점을 고려하여 거동이 불편한 장애인이나 노인 등을 위해 기관에서 직접 방문하여 신청을 받는 노력도 하고 있다. 이러한 시도와 노력이 더 다양하고 세밀해질수록 복지의 사각지대는 줄어들 것이며, 도움이 필요한 더 많은 사람이 사회안전망 속에서 보호받게 될 것이다.

6장 ─────────── 글로벌, 세계의 중심에
대한민국을!

노무현 대통령은 한반도의 평화 정착과 동북아 협력을 통해
변방의 역사를 끝내야만
한국의 운명이 바뀐다고 생각했다.

"이놈 발길에 차이고 저놈 발길에 밟히고,
이것이 과거 우리의 운명이었습니다.
이 변방의 역사, 변방의 운명을 뛰어넘을 수 있는 계기가 바로
동북아시아의 경제협력 구조, 동북아 통합의 구조입니다.
여기서 한국이 주도적인 역할을 함으로써
변방의 역사를 끝내는 것입니다."

한반도를 둘러싼 미국, 중국, 일본, 러시아의 역학관계를 뚫고
우리 길을 찾아야 한반도 평화와 번영의 해법이 나온다.
그 해법을 찾기 위해 나 역시 지난 15년간
중국, 러시아 등 이웃 나라 지도자 후보들의 명단을 만들고
그들과 교류하고 친분을 쌓아왔다.

노무현 대통령이 꿈꾸었듯이
나 또한
이웃 국가들의 박수와 존경을 받는 한반도를 보고 싶다.

코로나19로부터 함께 공동체를 지켜내고 있는 한국 국민에 대한
글로벌의 찬사가 이어지고 국격도 상승하고 있다.
동북아를 넘어 글로벌의 문이
어느 때보다 활짝 열리고 있다.
K-POP, K-푸드, K-뷰티, K-방역 등
대한민국 브랜드가 강력한 바람이 되어 세계로 향한다.

세계 일류들의 생각과 만나
정치, 경제, 기술, 외교, 교육 등
더 나은 삶에 대한 통찰을 나눠야 한다.
그리고 그 안에서 최고의 것, 우리의 것을 만들어야 한다.

●

세계 일류들과 함께
일하는 나라

바야흐로 글로벌 시대다. 디지털 기술의 발달로 지구 반대편에 있는 낯선 이와도 친구가 되고 실시간 소통이 가능해졌다. 게다가 이런 개인적인 소통뿐만 아니라 산업, 교육, 외교, 정치, 문화 등 우리 사회의 대부분의 영역이 글로벌화되었고, 이제 글로벌을 염두에 두지 않으면 국제사회에서 점점 뒷전으로 밀려날 위험에 처했다. 세계를 향한 문을 활짝 열어 활발하게 교류하되, 그 안에서 내 것을 더욱 발전시킬 수 있는 묘책을 찾아야 할 때다.

글로벌 시대를 맞아 가장 먼저 준비해야 할 것이 정책연구소, 즉 싱크탱크일 것이다. 싱크탱크는 사회, 정치, 경제, 기술, 외교, 군사, 교육, 문화 등 우리 삶의 모든 영역에서 더 나은 방법과 발전의 길을 찾기 위해 깊은 통찰을 나누는 기관이다. 예컨대 대학교육의 경우 '어떻게 하면 교육을 통해 생각하는 힘을 키우도록 할 수 있을까'라는 주제로 여러 전문가와 석학들이 모여 자유롭게 서로의 생각을 이야기하고 토론하며 방법을 찾아가는 것이다. 이러한 싱크탱크 역시 뛰어난 통찰과 좋은 아이디어를 나눌 수만 있다면 전 세계의 모든 인물에게 문을 활짝 열 필요가 있다.

좋은 생각과 우수한 기술, 탁월한 아이디어도 결국엔 사람에게서 나온다. 예컨대 복지정책이 허술하기 짝이 없고 잘못된 방향으로 가고 있다면 이를 바로잡고 올바른 방향으로 이끌 열쇠를 가진 것도 결국 사람이다. 따라서 우리 삶의 모든 영역에서 깊은 통찰로 올바른 길을 찾으려면 각 분야의 세계적인 인재들과 함께 생각을 나눌 필요가 있다.

기업이나 학교, 국가 등은 과감한 혁신을 통해 일단 선순환의 물꼬를 터주기만 하면 이후에 자연스럽게 성과가 이어진다. 그리고 이러한 선순환의 물꼬를 터주는 첫 시작 역시 우수한 인재의 영입이라 할 것이다. 대학의 경우 훌륭한 교수진의 영입을 통해 교육의 수준을 끌어올릴 수 있음은 물론이고, 이런 우수한 교육을 받기 위해 많은 학생이 모이니 학생의 수준 또한 덩달아 올라가게 된다.

싱가포르의 난양공대는 지난 2018년에 영국의 글로벌 대학평가기관인 QS^Quacquarelli Symonds의 평가에서 공과대학 분야 세계 5위에 올랐다. 미국의 MIT와 스탠퍼드, 영국의 케임브리지, 스위스의 취리히공대의 뒤를 이은 순위지만 아시아에선 우리나라와 일본, 중국 등을 제치고 1위를 차지한 셈이다.

난양공대는 1955년에 사립대학인 난양대학으로 출발한 학교로,

1991년에 싱가포르 정부가 국립교육학교와 합병하여 국립 종합대학인 '난양공대'로 재탄생시켰다. 이때 모델이 된 학교가 바로 한국 최고의 이공계 특성화 대학인 카이스트다.

2018년에 이어 2019년에도 난양공대는 QS의 평가에서 세계 전체 대학 중 11위를 차지했다. 10위권 내에는 여전히 미국, 영국, 스위스의 명문대가 자리했고 난양공대는 그 뒤를 이은 11위로, 아시아 대학 중 1위를 차지했다. 반면 난양공대의 모델이 되었던 한국 최고의 공과 대학인 카이스트는 2018년에는 40위, 2019년에는 41위에 그쳤다. 안타까운 일이 아닐 수 없다.

전문가들은 난양공대의 저력이 국적을 따지지 않는 전 세계적인 인재 영입과 그에 따른 우수한 성과의 창출, 기업의 연구비 투자 같은 선순환 구조에서 비롯된 것으로 파악한다. 1991년에 난양공대를 설립하며 당시 리콴유 총리는 스웨덴 린셰핑 대학교Linköping University의 총장을 난양공대 총장으로, 스웨덴 노벨상 심사위원회에서 화학 분야 위원장을 했던 버틸 앤더슨Bertil Andersson을 부총장으로 영입했다.

부총장 시절부터 개혁을 준비했던 버틸 앤더슨은 이후 총장이 되면서 개혁에 더욱 박차를 가했다. 그는 300명 가까운 교수진의 은퇴와 더불어 600명이 넘는 세계적 석학의 영입을 통해 난양공대의 수준을 획기적으로 끌어올렸다. 그리고 이러한 노력에 힘입어 QS와 같은 세계적으로 공신력 있는 기관에서 우수한 평가를 받자 기업의 연구자금 지원 및 외부 기부금이 늘었다. 또 이 자금을 바탕으로 다시 인재의 스카우트와 혁신적인 연구가 이어지니 자연스레 선순환 구조가 형성되었다.

난양공대의 선순환 구조는 비단 대학에만 해당하는 이야기가 아니다. 기업과 학교가 훌륭한 성과를 내기 위해 우수한 연구원과 교수진을 영입하듯이 국가는 성공적인 국가 경영을 위해 훌륭한 정책을 제안하는 전문가 집단인 싱크탱크를 육성한다. 우리나라도 한국개발연구원KDI, 산업연구원 등 정부출연기관을 중심으로 현재 총 26개의, 싱크탱크라 불리는 국책연구기관이 있다. 하지만 그 어느 곳도 싱크탱크의 역할을 만족스럽게 해내지 못하고 있는 것이 현실이다.

특히 현재 우리나라에는 국가의 비전, 즉 대한민국의 미래를 설계하는 곳이 없다. 정당 부설 연구소는 선거 연구소에 그치는 실정이다. 한국개발연구원이나 산업연구원은 IMF 이후 먹고 사는 문제에 천착해 있다. 기획재정부의 경제정책국장은 1년이 멀다고 바뀐다.

중국과 미국처럼 엘리트를 체계적으로 배출하는 곳도 없고, 국가를 통합하는 리더를 키워 미래를 끌고 가는 시스템도 없다. 그래서 한국의 정치 리더들은 서로 비판만 하지 국가가 어디로 갈 것인지에 대한 명확한 설계도를 만들지 못한다. 설계도 없이 짓는 집이 튼튼하고 좋은 집일 리 없다.

국가의 미래를 위한 명확한 설계도를 그리려면 먼저 우리나라의 정치 리더들이 공동의 목표를 찾기 위한 노력을 해야 하고, 세상을 보는 눈도 키워야 한다. 1989년 노무현, 이해찬, 이철, 김정길, 이상수, 정대철 의원은 보좌진들과 함께 매주 공부 모임을 했다. 30년 전 그때처럼 정부 핵심 연구기관은 미래를 준비하게 하고, 국회에서는 대선 주자급의 의원들이 모여 연구모임을 만들어야 한다. 연구모임은 단순 세미나가 아닌 자신들이 직접 돈을 내고 세계적인 전문가들로부터 전문적인 서포트를 받는 방식이어야 한다.

디지털 경제로의 대전환 시기를 맞아 정치 리더에게 가장 필요한 자질 중 하나가 세계를 보는 안목, 미래를 보는 안목이다. 이러한 안목은 대학에서 정치학이나 외교학 서적을 읽고, 높은 토익 점수를 받는다고 해서 생기는 것이 아니다. 우리 삶의 한가운데서 모든 것을 아우르는 것이 정치인 만큼, 현실의 삶 속에서 깊은 통찰을 통한 안목을 길러야 한다. 즉, 과거를 바탕으로 현재를 분석해 미래를 예측하고, 깊은 애정으로 인간의 삶을 살핀 다음 필요를 찾아내어 미래지향적인 해법을 제시해야 한다.

장기적인 시각으로 볼 때, 세계를 읽을 수 있는 지적 역량과 지혜를 보유한 정치 리더를 뽑고, 더 나아가 정치 리더가 될 인재를 양성하는 시스템을 갖추는 것이 무엇보다 중요하다. 이 과정에서 세계적인 거장들의 견해를 살핌으로써 역량을 키울 필요도 있다. 즉, 세계적인 싱크탱크를 유치해 외교의 틀을 새로 짜고, 세계의 눈으로 보며 함께 진화해나가는 것이다. 그리스나 중국의 경우처럼 결국 지혜를 가진 자가 세상의 중심이 된다. 지혜와 지식이 세상을 바꾸는 최고의 원동력이며,

그것을 생성하는 곳은 결국은 싱크탱크일 수밖에 없다.

앞서 말했듯이 국내에도 이미 여러 싱크탱크가 있지만 이제 국내 엘리트만으로는 성장의 한계가 분명하게 드러나는 시점에 왔다. 한국은 생존과 번영을 위해 세계 일류들과 함께하는 나라로 변모해야 한다. 그리고 이를 위해서는 전경련이나 대한상의의 주도하에 세계 50대 싱크탱크의 아시아 본부를 한국에 유치해 세계의 눈으로 우리를 볼 필요가 있다. 게다가 세계 최고 수준의 싱크탱크가 한국에 있으면 각 분야의 세계적인 인재들 역시 몰려오는 선순환 구조가 만들어질 것이다.

거인의 어깨 위에 올라서라는 말이 있다. 이 말은 정치에도 예외 없이 적용된다. 리콴유 싱가포르 전 총리도 멘토를 뒀고, 덩샤오핑 중국 전 주석도 박태준 포스코 전 명예회장을 경제 고문으로 삼았다. 정치든 경제든 성공한 리더 옆에는 늘 뛰어난 참모들이 있었다. 건달과 다름없었던 유방이 한나라의 제1대 황제가 될 수 있었던 것은 뛰어난 책사였던 장자방의 지혜 덕분이었다. 한국의 정치 리더도 세계를 움직이는 거장들을 초대해 그들과 더불어 생각하고 토론하면서 세계가 어디로 가는지 알아야 한다. 특히 디지털 경제 시대를 맞아 이런 세계적인 거장들의 에너지를 모으면 우리는 더 빨리 진화할 수 있다.

조기축구회와 프로축구는 엄연히 다르다. 지금까지 우리나라의 정치가 산업화와 민주화라는 국내리그에 머물렀다면 이제는 프로리그에서 활약하는 더 높은 수준의 사람들과 일해야 한다. 이를 위해서는 국회 내에 예산정책처 수준의 국제전략연구처를 만들어 미·중·일·러·EU를 철저하게 연구하고 분석해야 한다. 미국 의회에도 중국만을 연구하는 곳이 두 곳이나 있듯이 우리도 국회 내에 세계 주요 국가를 전문적으로 연구하는 곳을 두어 각 국가에 맞는 맞춤형 전략을 짜야 한다.

이와 함께 경제, 정치, 교육, 외교, 국방 등 각 분야에서 세계적인 석학과 전문가들과 토론하며 세계의 눈으로 보고 같이 진화해야 한다. 디지털 혁명에 따른 산업 전반의 혁신적인 변화와 미국과 중국의 경제 냉전, 일본의 무역 보복 등 상상을 넘어서는 대외 환경의 변화에 능동적이고 적극적으로 대응하기 위해서는 세계의 프로 지식을 흡수해 미래를 향한 국가 비전을 만들어나가야 하는 것이다.

한편 싱크탱크는 보수나 진보의 어느 한 정파에 치우쳐서는 안 된다. 특히 오랜 세월 동안 진영의 논리에 빠져 분열된 모습을 보였던 우리나라의 경우 더더욱 그러하다. 이제는 양쪽이 머리를 맞대고 공존의 지혜를 짜내지 않으면 우리의 미래를 찾을 수 없다.

'누구의 말이 더 옳은가, 누가 더 유능하고 똑똑한가'도 중요하지만 이제 그보다 더 중요한 것은 '어떻게 힘을 모아 그것을 현실로 만들까' 이다. 아무리 훌륭한 제안도 현실에서 구현되지 않으면 무용지물일뿐더러 발전을 꾀할 수도 없기에 결국 서로 합심하여 현실화하는 것에 집중해야 한다. 이를 위해선 서로 타협하고 절충점을 찾는 등 보다 합리적인 방안으로 공존의 길을 찾아야 한다.

아시아와 태평양이
만나는 문이 되자

"우리는 한반도와 동북아의 평화 및 번영을 위한 균형자 역할을 해야
합니다."

2005년, 노무현 대통령은 육군3사관학교 제40기 졸업식장에서 한
국이 균형 있는 외교를 통해 동북아 지역의 평화와 질서를 이끄는 지
렛대 역할을 해야 한다는 '동북아 균형자론'을 제기했다. 이는 한국이
미국, 러시아, 중국, 일본 등 강대국의 이해가 얽혀 있는 동북아 지역에
서 평화와 발전을 위해 힘의 균형을 잡는 역할을 적극적이고 주도적으
로 해야 한다는 취지의 주장이었다.

'균형자'는 힘을 좌우하는 게 아닌, 오히려 구성원의 힘이 어느 한쪽
으로도 기울지 않게 균형을 잡아주는 무게추의 역할을 하는 것을 의미
한다. 대한민국은 그만큼 중요한 위치에 있고, 그럴만한 충분한 에너
지가 있기에 동북아의 안정을 위해 균형자의 역할을 해야 한다는 것이
당시 노무현 대통령의 생각이었다.

그때는 미처 실행하지 못하고 미뤄두었지만 이제는 그것을 꺼내어
실현 가능한 정책으로 발전시켜야 한다. 그리고 당시와는 크게 달라진
경제 환경과 국제 정세를 면밀하게 고려해 더욱 진화된 정책으로 변
화시켜야 한다. 이는 대한민국의 발전을 위한 길이기도 하지만 평화와
안정의 유지와도 직결된 문제다.

한국은 경제력으로 볼 때 미국, 중국, 일본, 러시아에 위협이 될 만큼 막강한 힘을 가진 나라가 아니다. 지리적으로는 이들의 중간에 끼어 있으며, 세계 역사적 경험으로 보아도 이들 모두와 긴밀하게 얽혀 있다. 또한 한국은 문화적으로도 동양과 서양의 중간 지대에 있으며, 영어를 일본보다 잘하면서 한문을 이해할 수 있는 나라다. 게다가 기독교와 천주교, 불교 등의 다양한 종교가 공존하면서도 종교분쟁이 없는 국가이기도 하다.

서로 색깔이 다르고, 자신의 이익을 최우선으로 하는 국가들 사이에서 쿠션과도 같은 완충자이자 무게추와도 같은 균형자가 된다는 것은 우리나라가 이들 모두에게 꼭 필요한 존재가 된다는 의미이기도 하다. 이를 잘 활용하고 적극적이고 주도적으로 역할을 해낸다면 우리나라의 번영에도 큰 도움이 될 것이다.

우리나라의 생존이나 평안의 관점에서 볼 때, 현재 우리와 이해관계가 가장 크게 얽힌 나라를 꼽자면 단연 미국과 중국이다. 6·25전쟁 이후 우리나라는 오랜 세월 동안 미국에 군사력을 크게 의존하는 처지였다. 그때와 비교해 현재 한국의 국방력은 월등하게 강해졌지만 그럼에도 아직은 온전히 자립한 것이 아니기에 국방이나 무역 등 여러 방면에서 미국과 줄다리기를 해야 하는 상황이다.

중국 역시 마찬가지다. 중국은 최근 몇 년 동안 엄청난 속도로 경제적 성장을 이루면서 문화교류나 무역 등에서 우리나라와의 관계가 한층 밀접해진 데다 북한과의 문제도 함께 얽혀 있기에 더욱 신경을 쓸

수밖에 없다.

우리나라의 입장에선 미국도 중요하고 중국도 중요하다. 어느 한쪽을 선택하고 다른 한쪽은 버릴 수 있는 선택의 문제가 아니다. 게다가 미국과 중국은 오랫동안 이데올로기의 양극단에서 서로의 이데올로기 확장을 위한 무력경쟁을 했다. 그러나 현재는 미국과 중국 간 경쟁의 핵심은 이데올로기가 아닌 디지털 기술을 비롯한 과학기술의 경쟁이다.

기술이 곧 경제력이고, 경제력이 곧 국력이 되는 시대적 변화를 맞아 미국과 중국은 제2의 냉전이라는 말이 나올 정도로 경제적 부분에서 이해관계가 더욱 복잡하고 무거워졌다. 중국은 이미 미국 GDP의 3분의 2까지 따라왔고, 이 순간도 빠른 속도로 추격하고 있기에 미·중 양국 관계의 불확실성이 더욱 커지고 있다. 이들의 중간에 끼인 우리나라는 눈치 아닌 눈치를 봐야 하는 상황임과 동시에 이들의 화해와 평화를 이끌 중요한 임무를 담당하게 되었다.

미국과 중국은 과거에도 그러했지만 앞으로 더욱더 서로 경쟁하고 때론 필요에 따라 협력도 하면서 나아갈 것이다. 그리고 이 과정에서 경쟁은 갈수록 치열해질 것이다. 발전을 위해 어느 정도의 경쟁은 필요하고 긍정적인 에너지로 쓰일 수 있지만, 이것이 과도해지면 기존의 갈등이 더 큰 갈등으로 이어질 수 있다. 이는 우리나라에 위기로 작용할 위험이 크다.

미국과 중국이 어떻게 화해하고 공존하게 만들며, 나아가 미국과 중국, 일본, 러시아, 북한, 몽골과 어떻게 공존과 화해의 질서를 만들어서 우리나라를 번영으로 이끌 수 있는가의 문제는 지금의 우리가 반드시 풀어야 할 절박한 과제다.

디지털 혁신으로 인해 오프라인과 온라인을 넘나드는 국가 간의 교류가 더욱 활발해짐에 따라 동북아의 균형자로서의 대한민국의 역할이 더욱 중요해졌다. 게다가 21세기에 새로운 양상으로 나타나는 미국과 중국 사이의 갈등을 완화하고 평화와 공존의 구도를 만드는 것은 남의 나라 이야기가 아닌 우리의 생존에 관한 문제다. 이를 위해선 헨리 키신저와 같은 현명하고 지혜로운 외교전략을 수립할 수 있는 인물을 키울 수 있는 나라가 되어야 한다.

유대인 최초의 미국 국무장관이었던 헨리 키신저는 닉슨 대통령과 포드 대통령의 재임 시절에 소련, 중국을 비롯해 미국과 이데올로기나 군사적으로 대치하던 나라들과의 갈등을 완화하고 평화로운 공존을 위한 외교 정책을 수립하는 데 큰 역할을 하였다.

이제 대한민국은 노무현 대통령이 주장했던 동북아 균형자론의 대의를 되새기며 지혜로운 외교전략을 수립하기 위한 다음 단계를 준비해야 한다. 국방력이나 경제력의 강화로 국가의 물리적인 힘을 기르는 것 외에도 지혜의 힘으로 키신저처럼 절묘한 외교전략을 수립하는 능력을 갖춰야 한다. 대한민국에서 제2, 제3의 키신저가 나올 때 우리의 미래는 물론 동북아의 미래도 활짝 열릴 것이다.

우리는 중국을 얼마나 알고 있을까? 러시아는 얼마나 알고 있고, 또 일본은 얼마나 알고 있을까? '상대를 알고 나를 알면 백전백승'이라는 말이 있듯이 미국, 중국, 일본, 러시아를 손바닥 들여다보듯이 훤히 알아야 협상에서 우위에 설 수 있다.

주요 강대국을 알고, 나아가 세계를 알기 위해서는 앞서 강조했듯이 전 세계 주요 싱크탱크의 분소를 한국에 만들어야 한다. 한국의 생각이 전 세계로 나가고 전 세계의 생각이 한국으로 들어와서 지혜로운 국제 외교전략을 펼칠 때 우리의 미래도 밝아질 것이다.

●

싸이월드는 왜
페이스북이 되지 못했나?

현재 세계 SNS 시장 최고의 지배자는 단연 페이스북과 인스타그램이다. 그런데 이들보다 훨씬 더 일찍 개발되고, 대한민국에서 국민적인 사랑을 받던 SNS가 있다. 바로 싸이월드다. 싸이월드는 1999년에 소규모의 벤처 창업으로 탄생해 2002년 하반기부터 국민에게 관심을 받기 시작했다. 포털사이트의 기능을 갖췄지만, 특히 미니홈피를 통한 인맥 구축 기능이 강점으로 작용해 큰 인기를 끌자 2003년 8월 SK커뮤니케이션즈에서 인수해 그 규모를 키웠다.

싸이월드는 페이스북보다 더 빨리 세상에 나온 것은 물론이고, 페이스북 창업 벤치마킹의 모델이 되기도 했다. 페이스북의 설립자이자 CEO인 마크 저커버그Mark Zuckerberg가 창업 초창기에 한국의 싸이월드를 벤치마킹했다는 것은 국내 IT업계에서 공공연하게 전해지는 이야기다.

한때 가입자 수가 3,200만 명에 육박하고 월 접속자가 2,000만 명에 달했던 싸이월드는 명실상부한 국민 SNS였지만 지금은 추억 속에서만 기억될 위기를 맞고 있다. 반면 싸이월드보다 5년이 늦은 2004년에 창업한 페이스북은 현재 월 사용자 수가 23억 명을 넘어서며, 전 세계 사람 3명 중 1명이 사용할 정도로 세계 최고의 SNS가 되었다.

전 세계에서 SNS의 원조였던 싸이월드는 왜 페이스북이 되지 못했으며, 급기야 한국에서조차 역사의 뒤안길로 사라질 위기를 맞게 됐을까? 민간 싱크탱크 여시재與時齋의 원장을 지내던 때, 나는 이스라엘 스타트업의 대표적인 벤처캐피털인 요즈마 펀드의 설립자이자 요즈마 그룹의 회장인 이갈 에를리히Yigal Erlich를 만나 그 이유를 물었다. 그는 "싸이월드가 처음부터 세계를 무대로 했더라면 페이스북은 없었을 것"이라고 했다.

싸이월드의 후발주자 격인 페이스북은 미국에서 탄생했으나 초기부터 미국만이 아닌 전 세계를 대상으로 했다. 그리고 IT 혁명을 넘어 디지털 혁명의 세상이 펼쳐지면서 더욱 힘차게 세계 곳곳에서 활약하고 있다. 만약 싸이월드가 대한민국만의 국민 SNS가 아닌, 처음부터 세계인의 SNS를 목표로 했다면 어땠을까? 세계 그 어느 나라보다 혁신적인 아이디어와 신속한 개발력을 자랑했던 만큼 그 꿈 또한 원대했더라면 페이스북을 능가하는 세계 최고의 SNS로 성장하지 않았을까?

이스라엘을 창업 강국으로 만든 주역 중 한 사람인 에를리히 회장은 2019년 한국을 방문해 젊은 기업인들과 대화를 나누며, "한국의 스타트업은 너무 내향적"이라는 견해를 밝혔다. 그리고 한국이 이스라엘과 가장 다른 점으로 "한국의 스타트업은 글로벌 시장 진출에 관한 꿈을 크게 꾸지 않는 경향이 있다"고 했다.

페이스북보다 훨씬 더 빨리 개발되고 크게 성장한 싸이월드가 결국 한국 시장에 머물고, 디지털 혁명을 맞아 페이스북과 같은 글로벌 SNS에 무너진 이유도 처음부터 국내시장만을 목표로 한 탓이 크다고 지적한 것이다. 그리고 이와 비슷한 사례로 인터넷 무료 통화 플랫폼 시장에서 스카이프보다 먼저 서비스를 시작했던 다이얼패드, MP3플레이어 시장에서 아이팟보다 먼저 탄생하고 국내는 물론 세계시장을 선도했던 아이리버, 유튜브보다 먼저 동영상 플랫폼을 구축한 판도라 TV 등을 들기도 했다.

물론 싸이월드나 다이얼패드, 아이리버, 판도라 TV 등이 단지 '처음부터 글로벌을 목표로 하지 않았다'는 이유만으로 성장의 한계를 맞고 급기야 퇴보한 것은 아닐 테다. 실제로 이들의 몰락의 원인에 대해 전문가들은 다양한 이유를 제시한다. 그럼에도 애초에 세계시장을 목표로 했다면 분명 사업을 전개해나가는 과정도 달랐을 것이다. 그랬다면 세계화된 시각으로 시장을 바라보며 세계적인 트렌드에 주목했을 테고, 기술 개발에도 세계적인 감각으로 도전했을 것이다. 인재 영입의 무대도 세계가 되었을 것이며, 투자의 기회도 전 세계에서 열렸을 것이다.

우리나라처럼 벤처기업에 대한 투자가 소극적인 환경에서는 세계적인 투자의 유치가 무척 중요하다. 특히 창업 초기의 벤처기업에게 투자는 생명수와도 같기에 처음부터 글로벌을 무대로 삼아 세계로 투자의 기회를 확대할 필요가 있다. "세계와 겨뤄야 세계의 펀드가 온다"고 한 에를리히 회장의 말처럼 이스라엘의 벤처기업들은 구상 단계부터 세계 무대를 목표로 한 덕분에 전 세계 벤처펀드의 35%를 이스라엘로 유입시켰다.

국내시장과 비교할 때 세계시장은 당연히 경쟁이 더 치열하다. 하지만 그만큼 투자를 받을 기회도 많다. 게다가 외국 벤처캐피털의 선택을 받는다는 것은 단순히 돈만 투자받는다는 의미가 아니다. 외국 벤처캐피털은 자신들이 투자해온 글로벌 벤처 기업들의 성공 노하우를 알려줄 뿐만 아니라 스타트업이 세계화된 시각을 가질 수 있도록 도와준다. 또 사업에 필요한 파트너를 연결해주는 등 해외시장으로의 진출도 적극적으로 도와준다. 벤처캐피털이 투자금을 회수하고 더 큰 이익을 거두기 위해서는 투자한 기업이 성공하도록 돕는 것이 당연하기 때문이다.

이처럼 세계를 무대로 하면 세계의 투자와 세계의 성공 노하우, 세계의 네트워크가 모두 내 것이 된다. 그뿐만 아니다. 글로벌화에 성공한 상품과 서비스에 대한 평가 또한 국내시장만을 목표로 했을 때와 확연하게 차이가 난다. 그 일례로, '국민 내비'로 불릴 정도로 한국의 대중적인 내비게이션 서비스인 '김기사'와 이스라엘의 내비게이션 서비스인 '웨이즈Waze'를 들 수 있다.

김기사는 처음부터 국내시장을 목표로 개발된 서비스다. 그래서 전 국민이 이 서비스를 이용한다고 가정해도 5천만 명 정도가 이용자의 최대치다. 반면 이스라엘의 웨이즈는 8백만 명 정도에 불과한 이스라엘의 내수시장이 아닌 처음부터 글로벌 시장을 무대로 했기에 이용자는 수억 명에 달할 수 있다.

이 두 기업이 애초에 무엇을 꿈꾸며 사업을 구상하였는가의 차이는 결국 기업 가치의 차이로 이어졌다. 국내시장만을 목표로 했던 김기사는 650억 원에 카카오에 인수 합병된 데 비해, 전 세계를 무대로 했던 이스라엘의 웨이즈는 미국 기업에 매각되며 무려 김기사의 18배에 달하는 1조 2,000억 원을 받았다.

마을에서 1등을 꿈꾸는 육상선수와 전국 1등, 세계 1등을 꿈꾸는 육상선수는 분명 그 꿈의 크기가 다르다. 그리고 노력의 과정도 다를뿐더러 결과 또한 차이가 난다. 에를리히 회장의 지적처럼 창업가들이 목표 시장을 국내로만 제한한다면 아무리 최선을 다해도 딱 그 정도밖에 성장할 수 없다. 물론 어느 정도 성장한 후에 세계시장 진출을 새로운 목표로 설정할 수도 있다. 하지만 처음부터 세계시장을 목표로 하고 달리는 것과는 분명 다른 과정, 다른 결과를 낳는다.

슈퍼셀의 창업가이자 CEO인 일카 파나넨 역시 한국 벤처기업가들에게 "꿈을 크게 가져라. 창업 단계부터 국내가 아닌 세계시장을 겨냥해 사업을 구상해야 한다"고 조언한다. 디지털 기술의 발달로 상품과 서비스의 선택에 국경이 사라진 만큼 세계는 이제 모두에게 공평한 기회를 주는 시장이 되었다. 더 큰 꿈을 품는 사람이 더 큰 것을 이룰 수 있다. 훌륭한 아이디어가 탁월한 기회로 연결되는 세상이 열렸는데 굳이 우리나라만을 무대로 할 이유가 뭐가 있겠는가. 더군다나 이제 기업은 글로벌 무대를 염두에 두지 않고는 성장은커녕 생존조차 힘든 시대를 맞고 있다. 생존을 위해서라도 두려움이 아닌 희망을 갖고 세계를 가슴에 품는 더 큰 도전을 해야 한다.

●

대한민국, 낡은 규제를 벗고 창업 강국으로

불과 10년 전까지만 해도 우리나라의 IT 산업이 중국을 월등히 앞서고 있었다. 중국의 인터넷 서비스 전문업체인 텐센트Tencent, 腾讯가 기술과 서비스를 배워보려 우리나라를 찾았을 때 그들을 상대한 사람이 국내 대형 포털사이트의 팀장급 정도였다고 하니, 그 수준 차이를 짐작할 수 있을 것이다. 그런데 지금은 어떤가. 지난 몇 년간 텐센트는 시가총액 기준으로 세계 10위권 안에 안정적으로 안착하고 있다. 2020년에는 시가총액이 800조 원을 달성하면서 페이스북을 넘어섰다.

지난 10년, 중국의 텐센트가 세계 최고의 기업으로 성장하는 동안 우리나라 IT 기업들의 성장이 더딜 수밖에 없었던 이유는 무엇일까? 2020년 기준으로 시가총액 세계 100대 정보통신기술ICT 기업에 애플, 아마존, 넷플릭스, 테슬라 등 57개의 기업이 들어가 미국이 단연 1위를 차지했다. 2위는 중국으로 알리바바, 텐센트 등 12개의 기업이, 그 뒤를 닌텐도, 소니 등 11개의 일본 기업이 이었다. 반면 한국 기업은 삼성전자가 유일했다.

다른 조사에서도 한국 기업의 성적은 여전히 부진한 편이다. 중국 후룬리포트가 발표한 '2019년 후룬 유니콘 순위'에 따르면 2019년을 기준으로 전 세계에 유니콘 기업(기업 가치 10억 달러 이상인 스타트업)이 494개인데, 이 중 중국이 206개로 1위를, 미국이 203개로 2위를 차지하고 있다. 그 뒤를 인도(21개), 영국(13개), 독일(7개), 이스라엘(7개)이 잇고 있으며, 한국은 6개의 유니콘 기업을 배출한 것으로 조사되었다.

세계 그 어느 민족보다도 우수한 지능과 역량을 가지고 있지만 한국은 아직 이렇다 할 혁신의 성과를 창출해내지 못하고 있는 것이 현실이다. 도대체 무엇이 한국 기업의 성장을 가로막는 것일까? 이 질문에 대한 답으로, 국내외의 전문가들은 '불필요한 규제'를 혁신을 방해하는 가장 큰 요인으로 꼽고 있다.

2020년, 직장인 커뮤니티 블라인드에서 국내 직장인 2,299명을 대상으로 실시한 '한국은 스타트업 하기 좋은 나라일까'와 관련한 설문

조사에서도 유사한 결과가 나왔다. 조사에서 우리나라 직장인 10명 중 7명(74.5%)이 '한국은 스타트업 하기 힘든 나라'라고 생각하는 것으로 나타났다. 그 이유로 '정부의 정책적 규제(35.9%)', '기존 산업과의 충돌(24%)'을 가장 많이 꼽았다.

디지털 기술을 바탕으로 한 혁신 창업이라는 세계적인 변화의 물결에 맞춰 한국도 스타트업 투자가 느는 등 창업 생태계가 조금씩 개선되고 있다. 그러나 정작 한국 스타트업의 발목을 잡는 것은 과거 산업 시대에 맞춰 만들어진 낡은 규제라는 비판의 목소리가 높다. 전 세계가 혁신 창업을 통한 성장과 발전에 에너지를 집중할 때 대한민국의 스타트업은 '법'과 싸우느라 바쁘다. 아이디어를 찾고 기술을 개발하고 상품과 서비스를 세상에 내놓는 것에 시간과 에너지를 쏟아야 할 벤처 기업이 각종 규제와 싸우느라 진이 다 빠질 지경이다.

영국은 증기기관을 발명한 산업혁명의 발상지이지만 정작 자동차 산업을 선점할 기회를 놓쳤다. 다름 아닌, 자동차가 마차보다 느린 속도로 달리도록 규정하는 법 때문이었다. 당시 영국을 비롯한 유럽 대도시의 대중적인 교통수단은 마차였다. 그런데 자동차 산업이 발달하면 마차 산업이 퇴보하게 될 것이고, 수많은 마부가 일자리를 잃게 될 것이라는 여론이 거세자 영국은 마부들의 일자리를 보호해주기 위해 '붉은 깃발법Red Flag Act'을 만들었다.

1865년 제정된 붉은 깃발법은, 기수가 자동차의 55m 앞에서 낮에는 붉은 깃발을, 밤에는 붉은 등을 들고 선도하게 했다. 또 자동차의 최고 속도를 시내에서는 시속 3.2km, 시외에서는 시속 6.4km로 제한했다.

마차보다 느리게 가는 자동차를 탈 사람은 그리 많지 않았고, 덕분에 영국의 자동차 산업은 경쟁국인 독일과 미국, 프랑스에 한참 뒤처지고 말았다. 산업을 선도할 충분한 기술을 가지고 있었음에도 기존의 산업과 권익을 보호하기 위해 시대를 역행하는 규제를 만들었고, 결국 자동차 산업을 선점하지 못했다.

기술 혁신이 일어나고 그에 따른 산업의 패러다임이 변화하면 그 흐름에 순응해야 한다. 특히 현대와 같은 국경이 사라진, 세계적인 경쟁 구도에서는 기술의 발달을 앞서 이끌고 혁신을 통해 산업을 선점하는 것이 무엇보다 중요하다. 변화의 흐름을 읽지 못해 머뭇거리거나 기존 산업을 보호하기 위해 규제를 만들거나 강화하는 등 변화에 역행하는 태도는 해당 산업은 물론이고 국가 전체의 산업과 경제를 위협할 수 있다.

영국의 사례에서도 알 수 있듯이, 시대에 맞지 않는 낡은 규제는 기업의 발목을 붙잡는 것으로도 모자라 아예 날개를 꺾어버리기도 한다. 스타트업의 경우 그 충격은 치명적이다. 스타트업의 새로운 시도가 기존의 법규와 부딪히면 창업자는 범법자가 되기도 한다. 한 번의 실패로 신용불량자가 되는 것도 안타까운데 새로운 시도가 기존의 법과 충돌하면 범법자가 되는 창업 환경에서 혁신적인 아이디어가 있다고 해도 그것이 세상에 나오기란 쉽지 않다.

그렇다면 우리나라는 왜 이렇게 규제가 많은 것일까? 첫 번째로는 전쟁으로 폐허가 된 나라가 짧은 기간 안에 빠르게 성장을 이루어낸 데 서 그 원인을 찾을 수 있다. 우리나라는 6.25 전쟁 후 50년이라는 짧은 기간 안에 정부 주도의 산업 정책으로 압축성장을 이루어냈다. 그 과정 에서 정부는 정책에 힘을 싣기 위해 더 많고 더 까다로운 규제를 시행할 필요가 있었다. 해야 할 것과 하지 말아야 할 것을 엄격하고 세세하게 구분해줌으로써 기업을 정부의 울타리 안에 두고 관리하려 한 것이다.

또 다른 이유로는 우리나라가 성문법 중심의 대륙법 체계를 따른다 는 것을 들 수 있다. 법의 근원을 법원法源이라 하는데, 법원은 크게 성 문법과 불문법으로 나뉜다. 성문법(대륙법)은 헌법을 최상위 법으로 하 여 민법, 형법, 특별법 등 국가기관에서 제정한 다양한 법률 및 명령, 조약, 규칙, 조례 등을 미리 조문으로 만들어 문자로 규정하여 놓은 법 이다. 분쟁이나 문제가 발생하면 그에 맞는 법 조항을 찾아 적용해야 하기에 아주 구체적이고 세세하게 규정돼 있다.

반면 불문법(영미법)은 법을 제정하는 일정한 절차나 문자로 분명하 게 정리된 법률 없이 판례나 관습 등에 따르는 법을 말한다. 분쟁이나 문제가 생기면 재판관이 자신의 논리와 재판 경험 등을 토대로 판결을 하며, 그것이 곧 해당 사건의 판례가 되어 이후 발생하는 유사한 사건 의 판단 기준이 된다.

영국이나 미국 등은 영미식 법체계를 따른다. 따라서 벤처기업이 새 로운 시도를 할 때, 만약 그것이 판례 등 기존의 법에 있지 않다면 일단 시도 자체에 별다른 제약을 하지 않는다. 대신 차후에 그로 인한 문제가 발생하면 재판을 통해 판결을 하고, 그것을 기준으로 새로운 법이 만들어진다. 즉, 법에 없는 것을 일단 시도해도 되는 문화다. 그러니 벤처기업의 경우 까다로운 법 규정들이 많지 않아 새로운 시도를 하기가 상대적으로 쉽다.

반면 대륙식 법체계를 따르는 우리나라는 법에서 할 수 있다고 규정된 것만 해야 한다. 즉, 법에 명시되어 있지 않으면 시도할 수가 없다. 무언가를 새롭게 시도하려고 하면 허가를 받아야 하는데 그것이 법에 명시되어 있지 않으면 허가 자체를 받을 수 없으니 시도 자체가 불가능하다.

현대와 같이 디지털 혁명으로 인해 이전과는 전혀 다른 차원의 새로운 기술이 등장하고, 그에 따른 발 빠른 실험이 이루어져야 하는 산업 환경에서 기존의 법 규정 안에서는 관련 내용을 찾을 수 없는 것들이 너무나 많다. 그리고 새로운 도전이 기존의 법과 충돌하는 일도 많다. 더군다나 새로운 도전이 기득권 계층의 이해관계와 부딪히는 경우에는 규제를 완화하거나 없애는 일 또한 쉽지 않다.

주된 이유가 무엇이든 현재와 같은 과도한 규제정책으로는 우리나라 벤처 창업을 향한 걸음에 힘이 아닌 두려움이 실릴 뿐이다. 변화한 산업환경에서는 얼마나 활발하고 기민하게 혁신적인 도전을 하느냐가 성공적인 벤처 창업의 핵심이다. 이러한 환경에서 여전히 과거에 유효했던 정부 주도의 산업 정책을 고집한다거나 과거의 기준에 맞춰진 법 조항과 규제를 허물지 않는다면 대한민국은 여전히 기업하기 힘든 나라라는 오명을 벗기 힘들다.

　기술의 진보를 위해서는 무엇보다 낡은 규제의 혁파가 우선되어야 한다. 그리고 이를 위해서는 기술의 미래에 관해 충분히 이해하고, 기술의 진보를 위해 노력할 수 있는 인재와 공적 시스템이 필요하다.

●

'성공 신화'를 만드는
생태계부터 구축하라

1990년대 초반에 소련이 붕괴하자 러시아 여러 지역에 흩어져 살던 80만 명에 이르는 유대인들이 이스라엘로 몰려들었다. 이들 중에는 과학자와 같이 우수한 기술력을 갖춘 고학력 인재들이 많았는데, 이스라엘 정부는 1억 달러를 출연해 요즈마 펀드를 설립해 이들의 창업을 적극적으로 지원했다. 스타트업 민간 투자를 활성화하기 위해 정부가 종잣돈을 만들어주며 마치 펌프질을 할 때 물을 끌어올리기 위하여 위에서 붓는 '마중물'의 역할을 해준 것이다.

　이후 요즈마 펀드는 이스라엘 젊은이들을 대상으로 창업 자금을 지원하는 등 그 영역을 확대하고 민영화하면서 '요즈마 그룹'으로 이름을 변경했다. 요즈마 펀드의 창업 투자를 시발점으로 이스라엘은 민간 투자사들이 봇물 터지듯 생겨났다. 덕분에 벤처 창업에 대한 도전이 더욱 활발해졌고, 뛰어난 기술력을 가진 세계적인 혁신 창업 강국으로 명성을 떨치게 되었다.

세계적인 혁신 창업의 요람인 실리콘밸리에는 스타트업이 글로벌 기업으로 성장하는 성공 창업의 생태계가 잘 만들어져 있다. 세계적인 벤처캐피털들은 혁신적인 아이디어를 가진 스타트업이 글로벌 기업으로 성장하기까지 아낌없이 투자한다. 그 과정에서 설령 투자 기업의 시도가 실패로 이어지더라도 재기를 도우며 또 다른 도전을 응원하고 격려한다.

이렇듯 우수한 아이디어가 기술과 만나 창업으로 이어지고 글로벌 기업으로 성장하기 위해서는 성공 창업을 위한 생태계가 구축되어야 한다. 도전에 필요한 분야에 대한 적극적인 자금 지원, 실패를 포용하며 재도전을 격려하는 문화, 도전의 발목을 잡는 오래된 규제의 철폐 등 혁신 창업이 꽃피기 위한 전제조건이 갖춰져야만 도전이 더욱 활발해질 수 있다. '도전과 투자', '창업과 성공'이라는 벤처 성공의 핵심 요소가 바탕이 된 창업 생태계가 탄탄하게 구축되기 위해서는 다음의 네 가지 조건이 먼저 갖춰져야 한다.

첫 번째 조건은 '지식을 만드는 힘'이다. 질문하는 교육을 통해 창의력을 자극하고, 이을 통해 새로운 지식을 만들어야 기술이 생겨나고, 그것을 씨앗으로 벤처가 탄생할 수 있다.

두 번째 조건은 벤처의 기술을 이전해서 사업으로 전환시킬 수 있는 '기술 이전 센터'다. 그리고 이것은 학자와 기업이 함께 존재하는 형태라야 실질적인 기술 이전이 가능하다. 혁신 창업이 활발하게 일어나는 나라에서는 대학교 내에 기술 이전 센터는 물론이고 기업까지 함께하며 지식이 사업이 되도록 적극적으로 이끌고 있다.

싱가포르의 난양공대는 수많은 벤처가 학교 안에 입주해 있다. 지식이 기술이 되고, 기술이 사업이 되도록 대학이 지식 산업의 메카가 되는 시스템을 갖추고 적극적으로 창업을 지원하는 것이다. 또 미국의 스탠퍼드대학교는 학교 안에 기업이 입주하면 90년 동안 땅을 무상으로 제공하기까지 한다.

그뿐만 아니다. 중국의 국립종합대학교인 칭화대학교淸華大學校는 아예 30여 개의 자회사를 거느리고 있다. 기업이 학교를 소유한 것이 아니라 학교가 기업을 소유한 것이다. 덕분에 칭화대는 매년 1조 5,000억 원 이상의 수익을 거두며, 자산총액이 8조 원에 달한다.

세 번째 조건은 창의적인 아이디어를 가진 젊은이들의 도전에 적극적으로 투자하는 문화다. 특히 시드 투자, 즉 창업 초기 투자가 많이 이뤄져야 한다. 그래야 대한민국을 이끌어갈 미래가 만들어진다. 20~30대의 젊은이들에게 수천만 원에 달하는 초기 창업자금은 매우 부담스러운 돈이다. 이런 큰돈을 부모에게서 융통하거나 은행에서 대출을 받아 마련해야 한다면 좋은 아이디어가 있어도 선뜻 창업하기가 망설여질 수밖에 없다.

네덜란드의 경우, 스타트업에 단계별로 시드 투자를 한다. 1단계 1,000만 원, 2단계 3,000만 원, 3단계 1억 원의 규모다. 그리고 투자금액이 1억 원이 넘어서는 단계에서는 기업들이 참여하기 시작한다. 우리나라도 열정과 창의력을 가진 젊은이들에게 적극적으로 투자함으로써 혁신 창업의 씨앗을 뿌려야 한다. 1만 개의 스타트업에 1억 원씩을 투자해도 1년에 1조 원이면 된다. 그 1만 개 중에 몇 개의 씨앗만 제대로 싹을 틔워도 산업을 일구고 일자리를 창출해 국가를 부강하게 할 수 있다. 대한민국의 미래가 만들어지는 것이다.

네 번째 조건은 대한민국 젊은이들이 세계 무대에서 꿈을 펼칠수 있는 시스템을 만드는 것이다. 세계 최초로 혁신적인 아이디어와 사업을 만들고도 결국 세계시장에서 밀리는 것은 앞서 말했듯 창업 초기부터 세계가 아닌 국내 무대만을 목표로 했던 이유가 크다. 창업자의 꿈의 크기가 작았든, 창업 환경의 한계이든, 자금의 문제이든, 국내시장만을 무대로 하는 것은 성장에 분명한 한계가 있다. 처음부터 세계시장을 목표로 하면 투자금이나 성장 전략 등에서 전 세계의 에너지가 몰려온다.

청년들의 우수한 아이디어가 뛰어난 기술로 이어지고 세계를 무대로 사업을 펼쳐나가려면 이 같은 국가 차원의 시스템적인 뒷받침이 필요하다. 그리고 이와 더불어 세계의 에너지와 만날 무대를 준비해주어야 한다. 그 대표적인 것이 벤처컨벤션이다. 민관이 협력하여 아시아 전체의 에너지를 모을 수 있는 벤처컨벤션을 개최하고, 한국의 젊은 창업자들이 국내는 물론 세계시장에 자신의 아이디어를 알릴 플랫폼을 만들어주는 것이다.

내가 구상하는 벤처컨벤션은 아직 전 세계 어디에서도 시도해본 적이 없는 것이다. 기존의 소규모 벤처경진대회 수준이 아닌 미국의 CES International Consumer Electronics Show; 세계 가전 전시회에 전 세계가 몰려들듯이 아시아 젊은이들의 벤처의 꿈이 한 곳으로 모여드는 대규모의 장이다.

벤처컨벤션은 한국, 중국, 일본은 물론이고 베트남, 파키스탄, 싱가포르, 인도 등 아시아 모든 국가의 에너지를 끌어모아 한국의 젊은이들과 호흡하게 하는 소통과 경진, 그리고 투자의 장이 될 것이다. 또한 아시아, 나아가 전 세계 벤처 창업자들이 세계를 향해 자신의 아이디어를 알리고 서로의 아이디어를 나누며 투자의 기회까지 얻을 수 있는 최고의 무대가 될 것이다.

벤처컨벤션은 매주 다른 주제로 개최되며, 국내는 물론 해외에서 해당 주제와 관련된 연구자 및 벤처 창업 희망자, 초기 벤처 창업자, 벤처캐피털 등이 모인 대규모 모임이자 사업설명회, 투자설명회의 장이 될 것이다. 예를 들어 프로바이오틱스 probiotics, 즉 숙주인 인간의 건강에 유익한 효과를 주는 미생물과 그것을 활용한 음식을 주제로 한 벤처컨벤션이 개최된다면, 이와 관련한 좋은 아이디어와 기술로 벤처 창업을 꿈꾸는 아시아의 젊은이들이 모두 한국으로 몰려오고, 이들이 자신의 아이디어와 기술에 대해 설명회나 전시회를 하면, 그것에 관심이 있는 외국 벤처캐피털들이 모여들어 투자 또한 활발하게 이루어지는 것이다.

이러한 플랫폼을 통해 한국의 젊은이들은 자신을 세상에 맘껏 드러내고 투자의 기회를 얻고, 자극을 주는 경쟁자나 좋은 멘토를 만나 자신의 능력을 더욱 진화해나가고, 좋은 글로벌 파트너를 만나 세계를 무대로 꿈을 펼쳐갈 수 있다.

자율주행차, 드론 등 매주 다른 주제로 벤처컨벤션을 개최하고, 1년 내내 행사가 이어지게 하면 한국의 젊은이들이 훨씬 더 빨리 세계로 뻗어나갈 수 있고, 벤처 창업을 통해 수많은 일자리가 생겨나게 될 것이다.

결장(結章) ─────────────── 모두가 함께 행복한,
　　　　　　　　　　　　　 '사람답게 사는 세상'을 꿈꾸며

계절에도 봄, 여름, 가을, 겨울이 있는 것처럼 세상사에는 흥망성쇠가 있다. 추운 겨울이 지나면 봄이 오듯이 위기 뒤에는 새로운 세력과 문명이 부상하는 것이 역사의 법칙이다.

코로나는 모든 나라, 민족, 인류를 빙하기 급 위기에 빠트렸다. 이 위기를 슬기롭게 헤쳐나가는 나라에 '신문명 창조의 선구자'라는 명예가 주어질 것이다. 현재의 인간인 호모 사피엔스가 자기보다 훨씬 덩치가 큰 유인원들을 물리치고 승자가 된 것은 끊임없이 혁신하며 도전한 결과다. 코로나19는 대한민국의 위기이자 거대한 기회의 창이 되고 있다. 변화에 기민한 국민이 있기 때문이다.

위기가 닥칠 때마다 우리 국민은 똘똘 뭉쳐 위기를 기회의 창으로 바꾸는 저력을 보여줬다. 글로벌 감염병 위기 대처에도 예외가 아니다. 1월 말 국내에서 첫 코로나19 확진자가 발생한 이후 한 달여 만에 바이러스 감염자가 1,000명을 넘어서자 대한민국은 세계에서 가장 위험한 나라가 됐다. 그러나 얼마 지나지 않아 분위기는 완전히 전환되었다. 대한민국은 세계에서 코로나19에 가장 잘 대응한 나라가 되었으며, '추적, 테스트, 치료'로 축약되는 K-방역 공식은 전 세계의 화젯거리가 되어 여기저기로 수출되었다.

정부의 민첩한 대처, 수준 높은 의료기술과 의료인들의 헌신 외에도 특히 세계가 주목한 것은 영민하고 주도적인 대한민국 국민의 대처 자세였다. 코로나19와 관련한 정부의 공식적인 정책이 발표되기 이전부터 국민은 마스크 쓰기, 외출 자제하기, 손 씻기 등 바이러스의 확산을 막기 위한 자발적 노력을 하고 있었다. 또 코로나19 사태에 미국, 호주, 유럽, 일본 등 전 세계에서 휴지나 생수, 우유 등의 생필품과 식료품을 사재기하는 이상 현상이 벌어졌으나 우리 국민은 전혀 동요하지 않았다. 나 한 사람의 동요가 결국엔 걷잡을 수 없는 사회적 혼란을 낳을 수 있음을 알기에, 나부터 사회 질서를 유지하기 위한 노력을 실천하는 것이다.

대한민국 국민의 높은 시민의식은 코로나19로 인해 어려워진 이웃을 위한 세심한 온정으로 이어졌다. 자발적으로 임대료를 인하한 '착한 임대인', 우리 동네 음식점과 단골가게 등에 선결제를 통해 응원을 보내는 '착한 선결제', 취약 계층의 이웃을 향한 '마스크 나눔' 등 나와 다르지 않은 너를 함께 안으며 그렇게 우리의 삶을 지켜나갔다. 이렇듯 대한민국은 세계에서 가장 똑똑하고 따뜻한 대처 능력을 보여주었고, 이에 미 경제지 〈월스트리트 저널〉은 "한국은 코로나19 관리방법의 암호를 풀어낸 것으로 보인다"며 찬사를 보냈다. 우리 국민의 마음속에 선진국을 향해 나아간다는 자부심이 싹트고 있다.

눈에 보이지 않는 바이러스 위기로부터 함께 공동체를 지켜내는 국민의 힘을 지켜보면서, 한국은 다시 한번 도약의 기회를 잡을 수 있을 것이란 강한 믿음이 생겨났다. 대한민국은 역사적으로 국민이 강하고 지도자가 약한 나라다. 국민의 희생과 헌신으로 한국은 6.25 전쟁의 폐허를 딛고 현대사에 유례없는 압축적 경제성장과 산업화를 이뤄냈다. 또한 국민의 힘으로 평화적인 민주화를 일궜다. 1960년 4·19혁명, 1980년 광주 민주화 항쟁, 1987년 6월 항쟁, 2017년 촛불혁명까지 무력충돌 없이 독재정권을 무너뜨리고 민주주의를 진화시키고 발전시킨 나라는 세계사적으로 드물다.

1988년 서울 올림픽, 2002년 한일 월드컵, 2018년 평창 동계올림픽의 성공적 개최와 봉준호 감독, BTS, 정은경 질병관리청장 등의 세계적 성과는 대외적으로 한국의 위상을 크게 향상시켰다.

물론 코로나19의 위기는 아직 끝나지 않았고, 그 과정이 모두 순탄하지만도 않았다. 게다가 코로나19의 위기가 지나가더라도 또 다른 감염병의 위기가 올 것이고, 경제적 위기나 외교적 위기도 맞게 될 것이다. 그리고 내부적으로는 지금의 청년세대가 기성세대가 된 때에 또 다른 세대 간의 갈등과 새로운 진보와 보수로 불리는 이들이 빚어내는 정치적 성향의 위기를 맞을 수도 있다. 그럼에도 그 모든 위기에서 절망이 아닌 희망을 보는 것은 위기에 강한 국민이 있기 때문이다.

다가올 포스트 코로나 시대는 디지털 혁명과 평균수명 120세의 고령화, 기후변화 등의 특징을 안고 있다. 이전과는 전혀 다른 새로운 리그다. 이 '주인 없는 경쟁체제'에서는 누가 혁신적 경쟁 역량을 갖느냐에 따라 미래의 주인공이 결정될 것이다.

대한민국의 역사, 그리고 이전에 이어졌던 민족의 역사에서 국민이라 불리는 우리가 해내지 못한 것은 없었다. 나는 그 힘을 믿는다.

●

정쟁보다는 정책으로

10년 만에 정치에 복귀한 나는 하루도 거르지 않고 매일 아침 6시에 출근한다. 코로나19로 경제적·정신적 고통을 받는 국민들에게 미안하고, 어떻게든 도움이 될 방법을 찾고 싶어서다. 당장 눈앞에 닥친 세계적 전염병의 위기도 큰 문제이지만, 무엇보다 이러한 위기를 거뜬히 이겨낼 사회적·경제적 구조를 미리 준비하지 못한 데 대한 아쉬움이 크다. 지금이라도 우리는 국민을 지키는 건강한 정치, 든든한 정치를 준비해야 한다.

내가 정치에 처음 발을 들였던 30년 전이나 지금이나, 여전히 대립과 갈등의 정치문화는 크게 변하지 않은 듯하다. 마음을 모으고 뜻을 모아 앞으로 나아가기만 해도 모자랄 시간에 '우리'가 아닌 '나'를 앞세우며 뒷걸음질만 쳤다. 마치 19세기 국회 건물에서 20세기 국회의원이 21세기 국민을 화나게 하는 형국이다. 우리가 왜 이렇게 분열됐을까?

산업화와 민주화 이후 우리 사회가 도대체 어디로 가야 하는지 합의점을 찾지 못한 탓이 크다. 공동의 목표가 없으니 정치권이 진영논리에서 빠져나오지 못하고 있다. 여야 모두 대안 제시가 부족하다. 적을 만들어 내부를 단결시키는 정치 풍토가 여전히 팽배하다. 이제 정치권이 낡은 정치를 끝내고 국민이 먹고사는 문제, 삶의 본질에 집중해야 한다. 그리고 이를 위해서 국회가 국민과 항상 수시로 소통하고 국민의 에너지와 함께 고양되는, '국민 참여 정책 플랫폼' 구축이 필요하다.

국회는 국회의원의 집이 아닌, 국민의 집이 되어야 한다. 'AI 국회'를 통해 직접 민주주의로 나아가야 한다. 청와대 국민청원 게시판을 넘어 디지털 시대에 맞는 국민 소통 시스템을 만들어야 한다. 국민이 수시로 정책을 직접 제안하고, 국회는 제도 개선으로 화답할 수 있어야 한다.

더불어 국가 전략 콘트롤타워의 부재 문제도 해결해야 한다. 현재 우리나라 정부에는 경제뿐 아니라 국가의 장기 전략을 짜는 곳이 없다. 정부 부처는 행정에 정신이 없고, 국책연구기관 KDI(한국개발연구원)는 용역으로 먹고사느라 바쁘다. 국회 내 정당의 싱크탱크 역시 선거 전략에 집중하는 곳이지 국가의 미래를 내다보는 정책 개발에 주력하지 않는다.

1988년에 국회의원 노무현을 만나 정치를 시작한 후 어느덧 30년이 훌쩍 지났다. 지난 세월 노무현 대통령과의 첫 대면에서 매료된 '역사 발전의 도구'라는 문구를 잊은 적이 없다. 10년 만에 정치에 복귀한 나는 역사 발전을 위해 무엇을 할 수 있을까를 고민했고, 그 답을 찾았다. 나는 통합의 정치, 정책 중심의 정치 시스템을 만드는 데 기여하고 싶다.

권력의 정점에서 차가운 바닥에 떨어져보기도 했다. 롤러코스터 같은 삶이었지만 사회로부터 많은 혜택을 받았다. 국정상황실장으로 일찍이 청와대 근무도 해보았고, 해외 경험도 많이 쌓았고, 국회의원도 했다. 도지사 경험도 있다. 정치 복귀 전에는 미래 국가 전략을 짜는 싱크탱크에서 활동했다. 그래서 행정을 이해하고 국가를 보는 눈, 세계를 보는 눈이 조금은 생겼다. 이런 나의 경험들이 유용한 에너지가 되어, 어떤 자리이든 국민의 삶이 나아지는 데 도움이 되는 도구로 쓰였으면 좋겠다는 생각이다.

정치하는 사람 중엔 정치꾼, 정치인, 정치가가 있다. 정치꾼에겐 당선되는 게 가장 큰 목표다. 정치인은 꿈과 현실적 성공, 이 두 가지의 조화를 이루려고 한다. 정치가는 현실보다 꿈을 더 중요하게 생각한다. 나는 정치가가 되고 싶다. 한반도 역사에서 꿈을 만들고 희망을 만드는 노력을 하고 싶다. 가보지 않은 길을 가서라도 국민 삶의 질이 나아지는 정책을 만들고 싶다.

산업화로 사람 대접을 받을 수 있는 물적 토대를 만들었다면 민주화는 사람 대접을 받고 살 수 있는 제도적 틀을 진화시켰다. 이제 산업화와 민주화라는 두 개의 축을 바탕으로 '삶의 질'이 기준이 되는, '사람답게 사는 세상'을 만드는 것이 공통된 국가 목표가 되어야 한다. 모든 국민이 소망을 이루고 행복을 추구하는 삶의 질 1등 국가로 나아가야 한다. 그리고 그 중심에는 언제나 '사람'이 있어야 한다.

노무현 대통령은 가난하고 빽 없고 힘없는 사람이 사람으로서 대접을 받는 '사람사는 세상'을 꿈꿨다. '사람이 먼저'라는 목표를 세운 문재인 대통령은 기득권 중심의 사회에서 시민이 중심인 사회로의 이동을 원했다. 디지털 경제로의 전환이 가속화될 미래에 대한민국은 어떠한 시대정신을 마주하게 될 것인가?

국민은 더 이상 GDP처럼 국가가 설정한 획일적인 목표나 단순한 지향점을 선호하지 않는다. 다양한 목표를 추구하며 건강, 행복, 만족 등 개인의 욕구 실현에 더 관심이 많다. 국민 유행어가 된 '워라밸Work-life balance'처럼 개인의 욕구가 중요하고 삶의 보람에 더 큰 가치를 두는, 사람답게 사는 세상을 원하고 있다.

'가난한 이를 사랑하는 것은 심장이지만 가난을 구제하는 것은 머리가 한다'라는 인도 속담이 있다. 좋은 정책을 만들려면 심장은 뜨겁고, 머리는 차가워야 한다. 지금 대한민국의 정치는 그 어느 때보다 냉철한 머리와 뜨거운 심장을 원하고 있다.

그렇다면 어떻게 국민 삶의 질을 향상시킬 것인가? 일과 소득, 주거, 교육, 의료, 문화 5종 세트가 중요하다. 국민이 안정적 소득 기반을 갖고, 주거, 교육, 의료, 문화 등에서 저비용 구조를 만들 수 있다면 '삶의 질 1등 국가'가 될 수 있다. 국민이 행복한 나라를 만들려면 좋은 이웃, 마을, 사회, 국가 등 건강한 공동체도 중요하다. 또한 미국, 중국, 일본, 러시아 등 강대국 사이의 복잡한 역학관계 속에서도 국민 개개인의 희망을 담대하게 열 수 있는 강인한 국가를 만들어야 한다.

행복한 개인, 건강한 공동체, 강인한 국가를 만드는 것! 새로운 목표를 향해 정치권이 힘을 합하는 것이 정치 지도자들 앞에 놓인 공통 과제이며, 미래 대한민국이 나아가야 할 길이다. 분열된 땅 위에는 집을 지을 수 없다. 우리는 연정이라는 대타협의 용광로를 만들어야 한다. 다시 노무현의 통합 정신을 되새겨야 한다.

통합의 힘을 응축해 국민과 함께 코로나 이후 '새로운 나라, 신문명 창조'라는 원대한 꿈을 향해 나아갔으면 좋겠다. 네덜란드는 유럽 전체 면적의 0.4%에 불과하지만, 미국에 이어 농업 수출이 세계 2위다. 국토의 63%가 산지, 16%가 농경지인 대한민국이 네덜란드처럼 변한다면 한국은 척박한 불모지가 아닌 축복의 땅이 될 것이다.

인구가 560만 명인 싱가포르는 한 해 GDP가 3,628억 달러다. 인구가 9배나 많은 대한민국이 싱가포르처럼 기업을 경영하기 좋은 선진 시스템을 갖추면 현재 대한민국 GDP의 2배 이상을 창출해 경제력이 독일에 버금가는 나라가 될 것이다. 한국이 실리콘밸리처럼 혁신한다면 GDP가 6조 달러 이상인 명실상부한 세계 3위의 경제 강국이 될 것이다.

세상은 꿈과 열망과 분투의 결과이고 우리는 그것을 역사라고 부른다. '코로나'라는 빙하기에 우리는 함께, 한 방향으로 움직여야 한다.

저기, 문명의 들꽃이 만발한 땅을 향해.

노무현이 옳았다

2020년 12월 7일 초판 1쇄
2020년 12월 28일 초판 4쇄

지은이 이광재
펴낸이 박영미
펴낸곳 포르체

출판신고 2020년 7월 20일 제2020-000103호
전화 02-6083-0128 **팩스** 02-6008-0126

ⓒ 이광재(저작권자와 맺은 특약에 따라 검인을 생략합니다)
ISBN 979-11-971873-3-9 03300

여러분의 소중한 원고를 보내주세요.
porchebook@gmail.com